錬膽護身

唐手術

普及版

富名腰（船越）義珍著

解題・杉本文人

榕樹書林

本書は一九二五年に刊行された初版の忠実な復刻版である、但し目次は元のものが繁雑だったので整理の上改めて組み直した。

皇太子殿下御前演武記念（大正拾年參月六日）

中央は著者

舊琉球藩主　侯爵尚昌閣下書

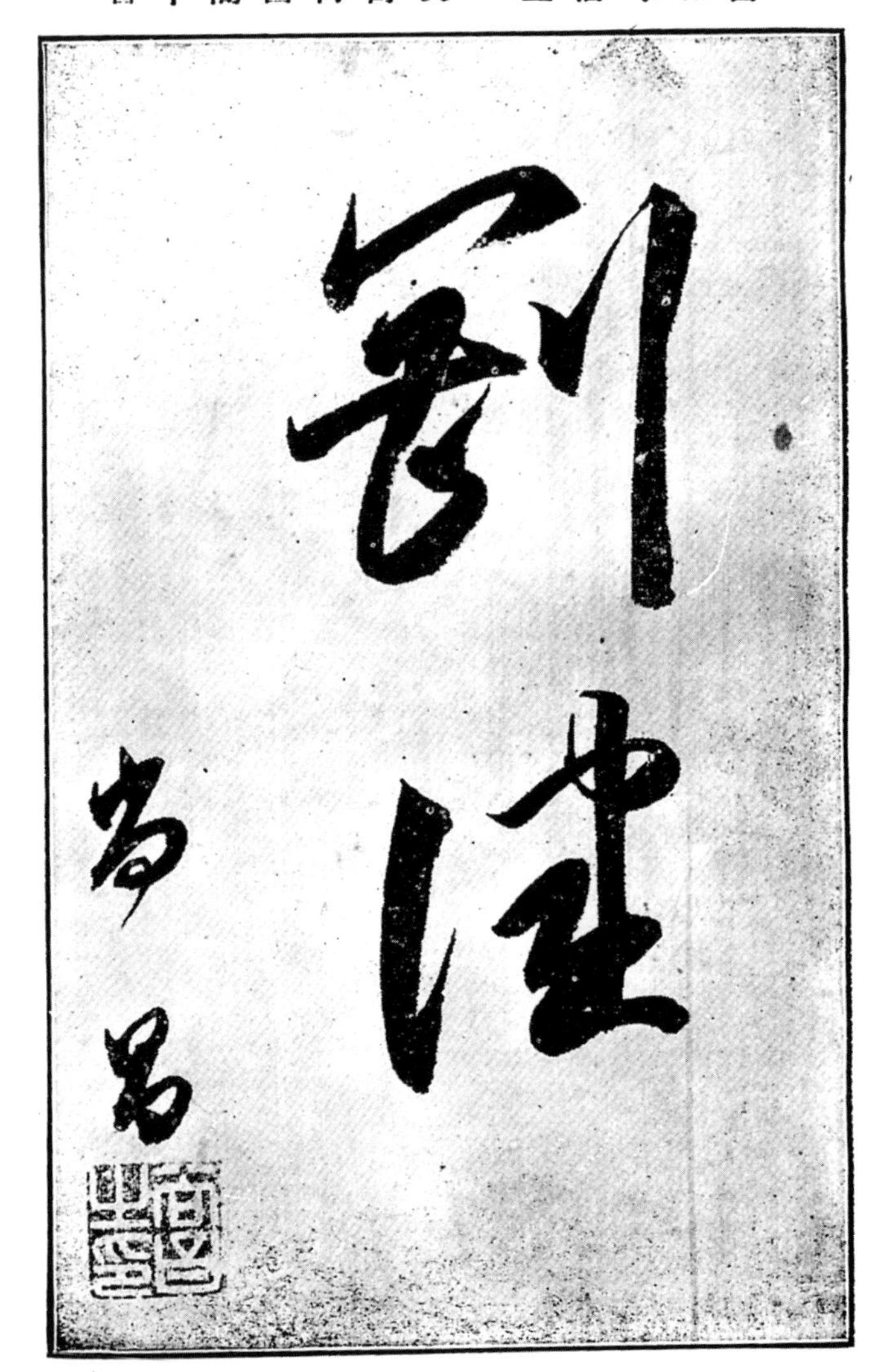

海軍大將男爵八代六郎閣下書

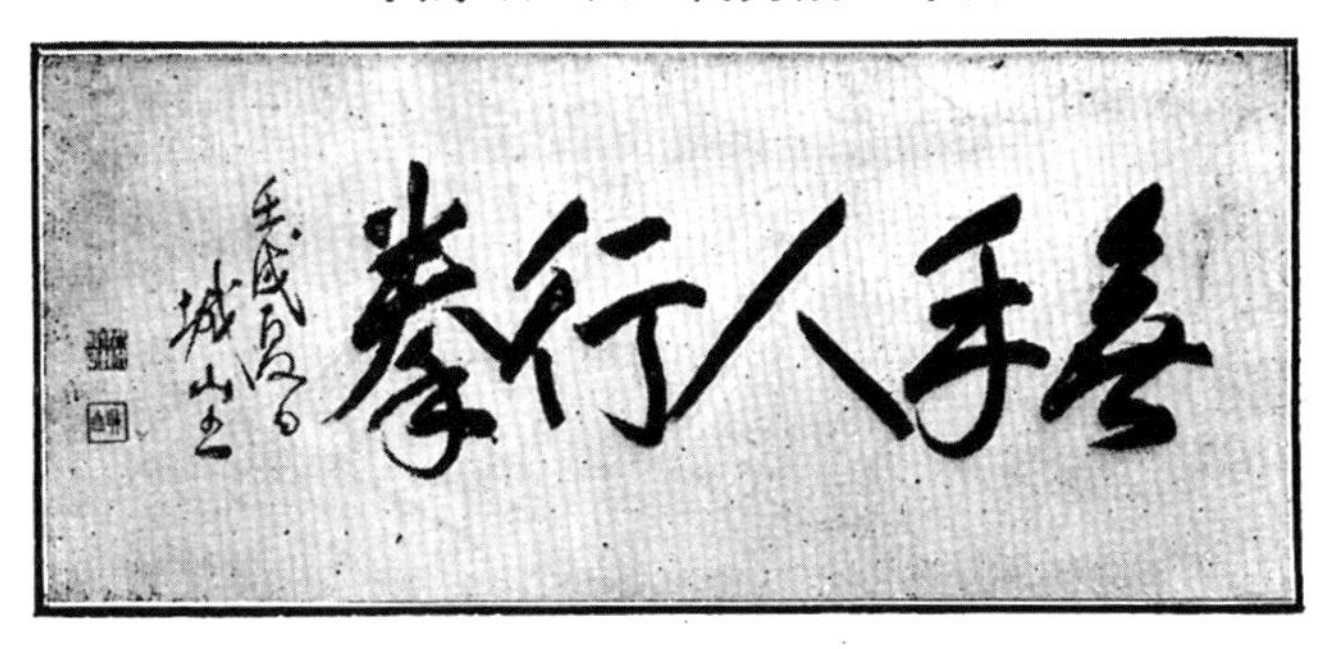

宮中顧問官海軍中將子爵小笠原長生閣下書

子爵後藤新平閣下書

潑溂の心身壯士を凌ぐ五十六才の著者

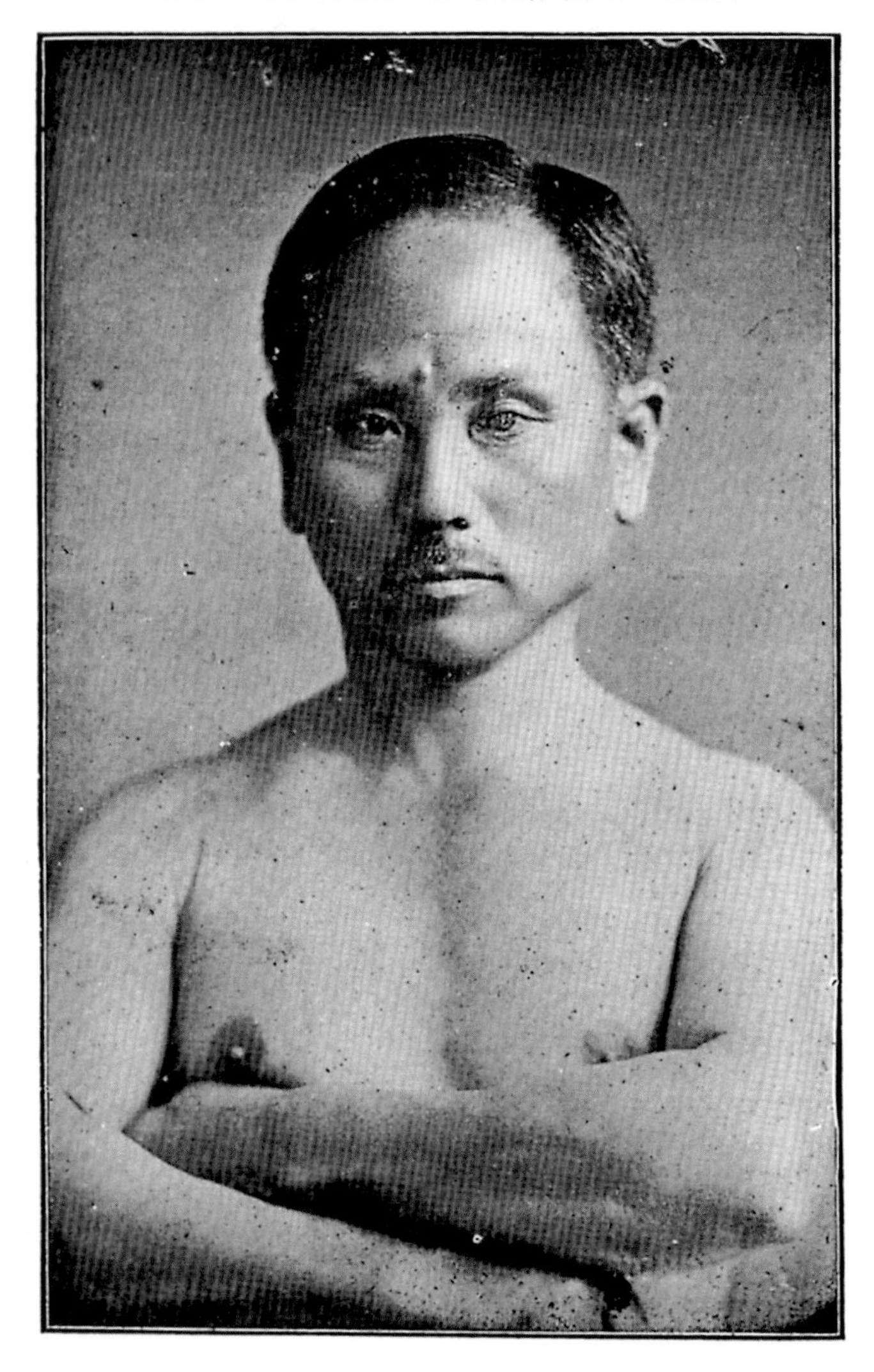

この隆々たる著者の筋肉を見よ

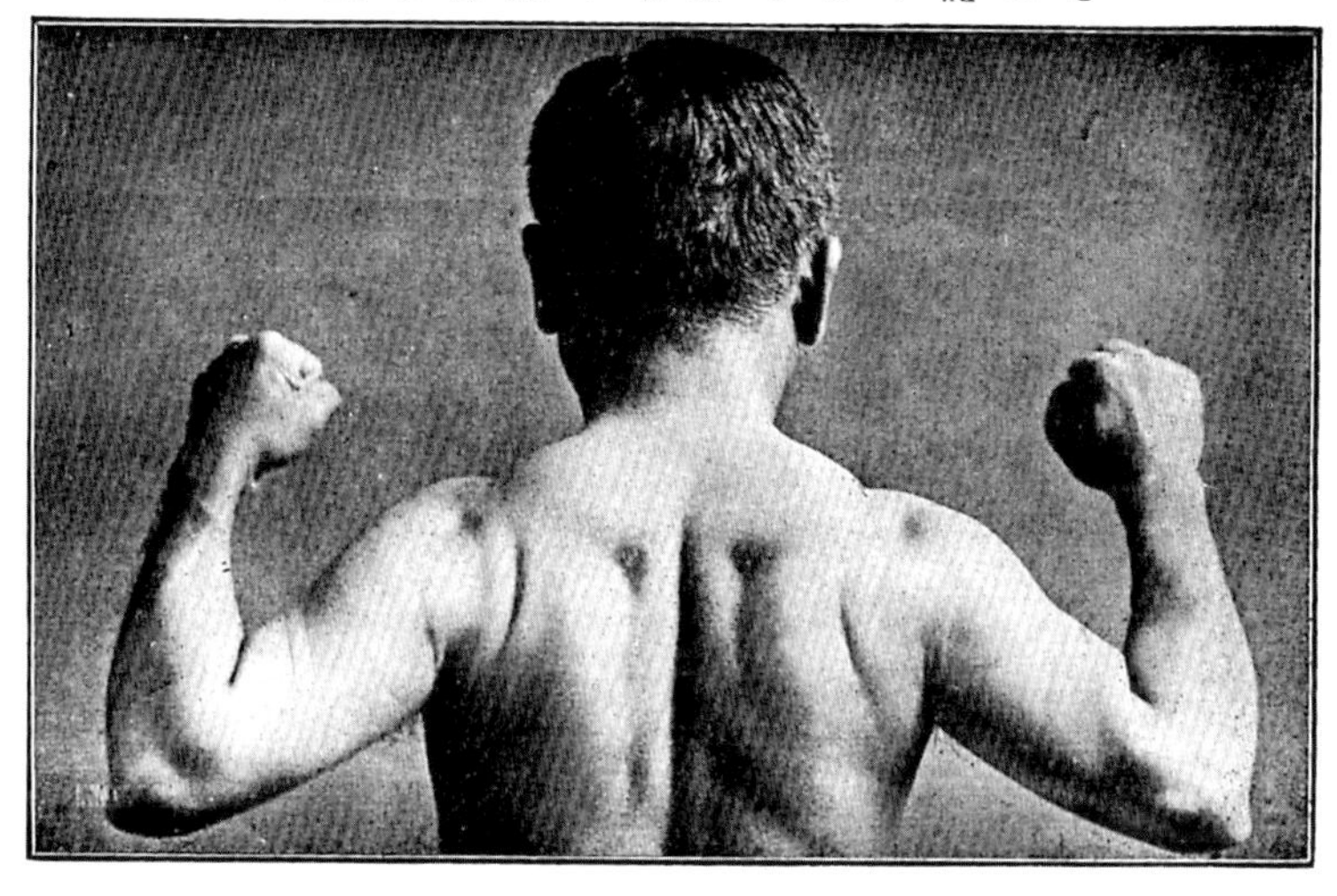

第一期有段者（中央は著者、向つて其の左は慶應大學教授粕谷眞洋氏）

『錬膽護身　唐手術』の復刻版刊行によせて

高木　丈太郎

このたび、沖縄県宜野湾市の榕樹書林より、船越義珍先生の著作『錬膽護身　唐手術』が『琉球拳法　唐手』に引続き復刻されることになりました。先生が没してから今年で四十年になり、誠に時機を得たものと、門下生として慶ばしいかぎりに存じます。

この著作は、天覧・台覧の栄誉に浴した、空手道名誉の書であります。

また、先の『琉球拳法　唐手』が大正十二年九月の関東大震災で紙型等が焼失し、空手愛好家から「是非出版を」との希望が多く、大倉廣文堂から『錬膽護身 唐手術』と改題し、大幅な改訂を加えて、出版されたと聞いております。

型の解説に二一七点に及ぶ多数の写真を取り入れてあり、初めて空手を習う人、空手を指導研究する人、空手の歴史を研究する人が座右の書として活用すべき空手人必携の書物だと確信し、これをご推奨いたします。

（日本空手道松濤會・理事長）

・一九九六年当社よりの復刻版序文。
高木丈太郎氏は二〇一六年逝去された。
（肩書きは当時のまま）

序

慶長年間島津氏の琉球入以來武器を取上げられた沖繩人士が拳骨の活用に思ひを凝らしたであらうとは當にあり得べき事である。唐手卽ち沖繩の拳法は主としてこの拳骨を以てする獨特の武術である沖繩では往時より斯術の達人を武士(「さむらひ」の意にあらず)と稱して居る。

唐手の拳骨は大體に於て打つに非ずして突くのである。打たんと欲すれば之を振り上げねばならぬが、突くには之を腰に構へることを必要とする。我々沖繩人は先天的に唐手の「こつ」を心得て居る者と見え、小供の喧嘩からして旣に體の構へが內地の風と異なるのは不思議である。

明治四十年の頃と記憶するが、斯術の先輩が苦心して唐手を體操に仕組みしものを縣下中等學校の體育科目に採用せらるゝに至り、爾來今日まで青年學生の體育と士氣の向上振作とに貢獻したことは實に少くない。　また畏くも大正十年三月皇太子殿下海外御巡遊の途次沖繩に御寄港あらせられし際に選拔學生の唐手體操を台覽に供したことは斯術にとりて此の上なき光榮と申さねばならぬ。

往年八代海軍大將が第二艦隊司令官在職の節沖繩に巡航せられ、この體操に感心せられてより海軍部内の注意を惹き、當局は機會あることに之が體操としての價値研究に勉められ、大正元年春出羽大將麾下の第一艦隊が中城灣に寄港したときは艦隊の下士官兵十數名を選拔し、縣立第一中學校に寄宿して約一週間稽古せしめられた事もある。私も微力ながら之を海軍體操として採用せらるゝ事に盡したが、餘りに攻擊精神に富んで居るので血氣の輩が之を惡用する恐ありとかの理由で遂に採用せられなかつたのは遺憾千萬である。

富名腰氏は四十年來斯術の研鑽に身を委ね、その造詣極めて深く、前述台覽演武の砌指導者たるの名譽を負うた人であるが、この貴重なる寶を僅かに一沖繩の狹隘裡に埋木と爲すに忍びず、廣く之を全國に擴めんためにの一書を著し、序を私に求められた。

熟々現下の風潮を察するに青年子弟が小は身を立てゝ正しく、大は國家の重きに任ずるに一番大切な事は質實剛健の氣象ではあるまいか。而して之が養成は尙武の精神に待たねばならぬ。乃ち體を練り術を磨き胸中自ら賴む處ありて始めて庶幾し得るのである。此の點に於て唐手は柔道擊劍等と優に肩を比べることが出來ると思ふ。

世間の一部には軍備制限の意味を履き違へて尙武の精神までも侮辱しようとする狼狽者がある。今日私は本書が一般青年に迎へられて斯術の趣味を喚起し、以て體育を旺盛にし士氣の振作に資せんことを望むでやまぬのである。本書の上梓に際し、著者其の人を得たるを喜ぶと共に併せて斯術の普及發達を望んでおく。

海軍少將　漢　那　憲　和

はしがき

文化の蔭には弱味が隱れ、晴天の蔭には風雨が宿る。治亂興亡は古今の通則、陰陽去來は天地自然の順理にして、文と武とは恒に相前後して離る可からざるものである。故に何日までも天氣、天氣と安心し過ぎると遂には水害と風害は免れない。要は只豫ての準備にある。治に居て亂を忘れず、平に處して體を練るは是吾が日本國民の精神にして、同時に亦特徵である。敢て他人の勸めを待たず、進んで自ら取るの氣象も、亦他に多く類を見ざる處で、吾が日本人の當然爲すべきものと自覺したのである。

天下は既に大平となり、世は益々進展して槍劍將に藏まらんとするの秋に際し、時勢は徒手空拳以て體を練り、身を護る文化的武術、所謂「唐手」空手なるものを要求するやうになつて來た。

常に人に接し、折に觸れ、機會ある每に談偶々「唐手」空手に及ぶと、何か書物はないかと直に要求が來る、或は遠隔の地に在て、通信教授の依頼を受けることも屢々ある。そこで、又一面には、徵兵檢查の結果、年々下向する壯丁の體育能率の增進を圖ると共に、國技保存の意味より遂に意を決して筆を執つた。かくして本書の初版が世に出たのであるが、其の再版着手中あの大震火災に遭遇し、勢、其の儘に放置して來た。併し其の後各地の有志より頻々として要求があるので、こゝに訂正增補し、且挿繪の全部を寫眞版とし、全く面目を一新して大方諸彥に見える事となつたのである。

本書の出版に當り多大の御盡力を賜つた慶應義塾大學教授粕谷眞洋先生及び題字、序文等につき勞を取られたる子爵後藤新平閣下、子爵小笠原長生閣下諸賢に對し、特に衷心より感謝の意を表する。

於東京小石川水道端明正塾

著　者　誌

錬膽護身 唐手術

目次

第三篇　唐手の基本及び型

第四篇　唐手術研究餘錄 ―― 301

（版元注）本文に出てくる「百八二図」は元版にて欠落しております。

第一篇　唐手とは何ぞや

第一章　唐手とは何ぞや

第一、歴　史

試みに日本地圖を繙いて一瞥せよ、南日本のはてに縄の浮いたやうに細長く見える一列の島々がある。これが所謂琉球群島で即ち今の沖繩である。

この沖繩には、古來世界に誇る可き一種靈妙な武術がある。柔術には非らず、拳闘術にも非ず、やゝそれに似て而も全然それ等の外に獨特の分野を劃す可きもので、身に寸鐵を帶びずして徒手空拳克く敵を挫き、身を護ることが出來る。是即ち沖繩獨特の拳法所謂「唐手」空手なるものである。

沖繩にこの「唐手」がいつ頃から傳つたかと云ふに、口碑の傳ふる所に依れば、今を去る約二百年の昔、首里赤田の佐久川某が、支那より「唐手」を稽古し歸り、後「唐手佐久川」の名を弘めたとも云はれ、又或は今から百四十年前士佐八戸部氏のものせる大島筆記に依ると、首里人潮平某の談であるとて、支那人公相君と云ふ者が弟子を多數引連れ渡來し、一種の拳法を傳へたとも云はれ、又一説には、西暦十四世紀の末尚巴志王の三山統一后は、文治を以て立國の大精神となし、劍戟を鎖して、專ら民政及び貿易の改善發展を期せられたが、慶長十四年薩摩の附屬國となつて一切の武器を取上げられてから、時代の要求が斯の空拳の術を創造せしめたのではなからうかとも云はれてゐる。何れも一理ある説のやうではあるが、確かな考證がなく、皆推測に過ぎないのである。

そこで、私はかう思ふ、琉球の拳法、所謂「唐手」なるものは沖繩固有の武術であつて、唐崇拜時代に支那に於て、支那武術を稽古し、沖繩元來の手にこれを加味して比較研究の結果、其の長所を採り、唐の字を冠せて「唐手」と命名し、今のやうな健全なる發達を遂げたのではなからうかと察せられる。

沖繩の田舍に行つて見ると、祝賀の時、三味線に合して男の舞踊をする事がある。

この舞踊の手が普通の舞方とは異つて、好くも唐手に似てゐる。是が今の「唐手」の前身で、沖繩元來の手ではないかと思はれるのと、今一つには、未だ教育も受けない三つ四つの小供さへ喧嘩の時には直ぐに鐵拳を振り舞はして組打を始めることがある。斯樣に沖繩人が先天的に其の素質を有つてゐる上などから見ても、これは源を遠く上古に發し、永い間の遺傳性に基づいて流れて來たので、決して近頃傳來のものとは考へられない。

併し沖繩人が、支那人に就て、支那武術を稽古したことは、又爭ふ可からざる事實で嘗て册封使に附いて渡來した武官「アソン」(昭靈流)の弟子には那覇の崎山、具志長濱、友寄、「イワー」(少林流)の弟子には、首里 松村、久米の前里、湖城、「ワイシンザン」(昭靈流)の弟子には右衞門殿の島袋、九年母屋の比嘉西の東恩納、東の恩納瀬名波、桑江、其他、福州安南より漂着した支那人某大家の弟子には、泊の城間、金城、松茂良、山里 等が習つたのは確かである。

而して崎山の系を承いたのが首里の豊見城親方で、松村の系を承いたのが安里、城間の系を承いたのが糸洲と云ふ風になつて來た。

昔は極めてこれを秘密にされてゐたが、明治三十四五年の頃、小學生や、新兵體格檢査に於て、斯くも立派に發達した體格が醫師の驚異を買ひ、それが「唐手」で鍛えられたものなることが判然して、さう〳〵師範學校や中學校で體育科として課せられ漸く世に現はれるやうになつたのである。

それが今では健康法としては勿論、精神修養法や、護身術として、大に其の効果を認められ、世界的武術として推賞されるやうになつて來た。

第二、流　儀

後世師範者の名に依つて種々の流儀に別れてはゐるが、其の實昭靈流と少林流の二派に過ぎないのである。昭靈流は體質肥滿、骨格偉大なる者に適し、少林流は之に反し、骨格倭小、體力貧弱にして楊柳の如く瘠せ細そつたる者に適する。何れも一得一失あるが、基本姿勢としては昭靈流が宜いけれども、實際には敏活を缺くの嫌ひあり、又少林流は機敏に働く代り取抑へられたが最後動きの取れぬ苦境に陷ることがある。それだから「唐手」を稽古する者は、この二流の長短を辨へて併用する事が肝要である。

第三、種類

唐手の種類は隨分夥しい。けれども、中には類似のものは省かれ、單調のものは忘られて、今現に行はれて居るものはそれ程でもない。昔の大家は狹くして深いけれども、今の稽古者は淺くして廣いのである。現今流行の手は「平安」が五段「ナイハンチ」が三段、「パッサイ」が大小に別れて二段、「公相君」も大小で二段、其の他は皆一段づゝになつてゐるが其の手の名は「五十四歩」・セーシャン・チントウ・チンテー・

ジーン・ジツテ・ジオン・汪輯・ワンダウ・ローハイ・ジユウム・ワンドウ・ソーチン・二十四・三十六・一百零八・ワンクワン・コカン・雲手・三進等であるが多少手の型を異にして二種になつたのもある。

第四、階級

唐手の階級は柔劍道のそれの如くに試合が出來ないから、これ迄階級を附けてないのである。何となれば「唐手」は剛術であるゆゑ、一ぺん急處をやられたら、直ぐに致命傷であるからである。尤も劍術も往昔は型だけを敎へたものであつて試合といふものは、眞劍を使つても木劍を使つても命を賭けて相戰ふものとしてあつた。その後、今のお面や小手道具が出來たので、劍道としては幾分墮落したが、それだけ武術より運動に接近したのであつた。わが「唐手」も漸次研究の歩を進めて、防具を備へ、急處を禁じて行るやうになれば、或は身仕度の如何に依つては柔劍道と同じく階級を附けることが出來ないとも限らない。又是非そこまで進展して行かねばならないと思ふ。強ひて云へば、今の處でも型を實演させて、手の使ひ振りなり、意味なりを問答して採點の出來ないと云ふのではない。

只從來は師匠の權威と稽古年數の多少を以て、世間の見方で評價したのであるから其の標定が頗る薄弱であつたのである。

第二章　唐手の價値

第一、體育上の價値

唐手の組織が五體を左右上下均齊に動かすことになつてゐるのは生理上注目に値する事で、體育としての價値も、主として斯の點に在ると謂はねばならぬ。それのみならず、唐手の性質が力を放散するよりも收約するのが要目である爲に、筋骨の發達に於て、他の武藝運動よりも、特殊の長所を有つてゐるやうに思はれる。

其の證據には、實驗上、一年も稽古をすれば、全然體格を改造する許りでなく、短日月の練習で、僅かに「唐手」の門に入つた計りの者でも、一見普通人と識別し得る位に顯著なる效果を擧げるのである。今から十數年前、小川鋹太郎氏が沖繩縣に視學官をして居られる頃、學校の身體檢査や、壯丁の體格檢査の際、特に秀拔なる體格を有する者に就いて、其の原因を調査した結果、主として「唐手」の練習に在り、而も入門日尚淺きに過ぎぬ事實が發見されて、教育界を動かし、終に當局に具申して、縣下中等學校の體育科に採用せられ、爾來今日まで、青年子弟の體育に驚く可き能率を示してゐるのである。

尚、練習方法の上から見ても、
一、場所も器具も要らぬ。
二、單獨でも、團體でも、實習し得る。

三、變化に富む。

四、危險を伴はず。

等の諸點は「唐手」の特長として擧げねばならぬ。其の外、殆ど年齡の如何に拘らず生涯を通じて、樂しんで練習することが出來、能く延命保健の目的を達せしめる事實は、之を實例に徵する方が最も捷徑である。

私の恩師故糸洲先生、安里先生が其の邊の消息を語りて餘りある。糸洲先生は子供の時分腹痛が持病で、安里先生は虛弱の人であつたが、この兩師は竹馬の友であつて申合せたやうに體格改造の積りで「唐手」の稽古を始められた。處が、數年ならずして見違へるばかりの立派な體格となつたばかりか、遂には近世第一流の武士としてその名を博された。糸洲翁は師範學校、中學校で、安里翁は自宅で拳法を指南されてゐたが、糸洲翁は八十五歲、安里翁は八十歲の高齡を重ねながら、尙矍鑠として壯者を凌ぐ有樣であつた。また安里翁の先生の松村翁は九十三歲と云ふ長命を保たれた。今現に琉球で「唐手」の名士と言はれてゐる山口翁は八十六歳、知念翁も、八十六歳、知花翁は八十歳、崎原翁は八十歳喜友名翁は七十五歳の老齢でありながら、何れも壮者二十人や三十人では迚ても動かし切れない位の拳法の達人である。年齢統計に依ると、男子より婦人に長壽者が多い。然るに、「唐手」稽古者が悉く長命するのは確かに此の「唐手」の御蔭でなからうかと思はれる。

第二、護身術としての價値

世間往々「唐手」の何物たるを知らずして、「唐手」は原始時代の武術で、科學萬能の世の中には斯樣な非文明式の武術は要らないと、漫りに妄評を試みる者も居るが、之は「唐手」を知らぬ者の言である。これ位文明式で、又君子的武術が他にあらうか世の進運に伴れて武器の携帶は許されない、巡査の廢刀も高唱される今日此頃、徒手空拳で身を護り、敵を挫く事の出來る、斯樣な便利な重寶な武術は世の中に二つとない、最も機宜に適したものと言はねばならぬ。軍縮の今日に於て殊に個人訓練は大に必要で、何日何時何處から風が吹いて來ても侵されない丈の覺悟がなければならぬ。特に婦女子の護身用とし、健康法としては恐らく之に優る秘術はあるまいと確信する。

第三、精神修養としての價値

如何なる武術であつても、其の眞意を酌めば、一つとして精神修養に資せないものはないであらう。獨り「唐手」のみに限つた事でもないが、併し設備を要しない點、經費を要しない點、對手を要しない點、時間を多く要しない點、年齢に制限のない點、趣味に富む點等から言へば、「唐手」の修業が容易にして且つ永續する爲に趣味を轉換して、惡習に染む機會を避けしめる事が出來る。殊に謙讓克己は古來「唐手」修業の信條とする所であるから、知らず識らずの内に品性の陶冶に資することが尠くない。

第四、唐手の榮譽

曾て北條侍從の言上に依り畏くも　天皇陛下の聖聽に達せるやに漏れ承りしことあるが、先年御渡歐の砌首里城正殿前に於て、東宮殿下の台覽を辱うしたこともある。この榮譽を荷ひたる「唐手」卽ち沖繩獨特の武術が中央に紹介さるゝや、日本武術の二大研究所と謂はるゝ講道館や、陸軍戸山學校でも研究されることになり、一躍して世界的武術として推賞されるやうになつた。

第三章　唐手の練習と教授法

第一、唐手の修練

理想的に「唐手」を仕込まんとするには十三歳を初期として、終身持續するのが至當である。併し遣る氣さへあれば、何日何時から稽古を初めてもこれに制限はない。反つて能力發達し、理智に富んだ智識階級の大人程成績の顯著なるものがある。然るにこの頃「唐手」が如上の效果あるを聞き、吾れ先きに遲れを取らじと、雨後の筍の如く修業者の殖えるのは誠に好い傾向であるが、組織的の練習を經ずに、徒らに成功を急ぐが如きは、反つて其本旨を誤るものである。故に練習者も教授者も豫め其の基本となるべきものを定め、易より難に、簡より繁に漸次其の歩分を進めて、練習するを要する。この書はそれ等教材の排列には特に留意して編纂せるがため初學者の教本としては無二の師友たるを信ずる。

第二、個人の練習

「唐手は兇器なり」と言はれた昔は、極めて秘密の裡に敎へる人も、習ふ人も互に固く守つてゐたものだが、今日は積極的にそれが開放されて來た。何の教授に係らず個人教授は樂にいけるが、團體教授は人數の殖えるだけそれだけ骨が折れる。個人教授は最初から最終まで手を取つて敎へることが出來るので、夫れ丈進步も早い。昔は凡べて個人教授であつたが、今日は其の時間が許さない。

第三、團體の練習

他の教授になると、人數が殖えれば殖えるだけ八釜敷なつて來るが、「唐手」計りは成るべく人數が多い程興味が湧いて來て、敎へる人も習ふ人も互に快味を感ずるやうになる。それで成るべく個人教授よりは團體的に體操式に號令の下で稽古するのを好むやうな傾きがある。學校の生徒として、青年團として、在鄉軍人として夏の炎天の下、冬の極寒の朝、一時間の體操をいやがる者でさへ「唐手」なら大喜びで稽古する風が確かに見える。

第四、練習の時間

從來の經驗に照して見ると、「唐手」の練習の時間は一回三十分が適當のやうで、大人なら双方の都合で一時間でも、二時間でも、場合に依つては差支ない。要するに二分間で終る一聯の運動を反覆してやるのである。朝食の前、晩餐の後、或は事務に倦怠を覺えた時など、隨時隨所で僅かの時間を利用して練習出來るところに唐手の妙味がある。若し毎日の日課として行るならば、普通は月水金と云ふ風に一週三回位日を定めてやるのが便利である。隔日は復習時にした方が、習ふ人の爲には德のやうである。

今假りに一週三回即ち三時間敎授するとすれば、一つの型を三分して三敎時分に割當てゝ敎授すれば善い。第一敎時に型の前半分、第二敎時に後半分、第三敎時に、前後連絡して練習する譯になる。これで大丈夫一つの型は覺えて了ふ譯になるから、後四時間が練習時と批評訂正、意味の解釋になる。素養のある者、又は聰明な者は特別だが、普通一般の人々は此の通則に基づいて練習すれば適當だと思ふ。

第五、反覆練習

「唐手」は上述の如く覺え易いものであるが、又忘れ易いものであるから、一旦覺えた型は能く反覆練習せねばならぬ。例へば湯のやうなもので始終相當の熱度を與へないと、直ぐに冷えて元の水になつて了ふ。だから、是が練習時は、必ず朝晩に定めておいて、朝は家族より一時間早く起き、晩は仕事上りよりも夕食後に於て練習するが善い。普通の人は新しきを好み、古きを疎遠にする癖があるが、新古通じて反覆練習するを要する。

第二篇　唐手の組織

第四章　唐手の組織

第一、死手と活手

戰闘術の上より「唐手」の組織を分解して見ると、(甲)防禦、(乙)攻擊の二つに分かれる。けれども、この防禦と攻擊は常に相關連して、須臾も離る可からざる關係を有つてゐるから、便宜上一緒に說くことにした。

型に於て、又實戰に於て、唐手術なるものは何時も前の手が防禦で、後の手が攻擊になつてゐる。そこで受けたら必ず入れると云ふ風になつてゐる。若しこの時後の手を停滯せんか、始終相手から受身扱ひにされて困ることがある。是だけでも防禦・攻擊の關係がやゝ判かるであらう。併しながらいつも千篇一律ではいけない。偶に防禦の手が俄かに攻擊に變化する場合もある。是を變手と名づく。この變手なるものは、天變地異と同じく豫想の出來兼ねるもので正式の手より往々效験のある場合がある。

斯樣な場合に於て双方の技倆がよく判かるので豫想に反する事がある。

唐手術の上より既に防禦のために發したる手を死手、或は雌手、或は陽とも名づけ未だ發せず攻撃に備へた手を活手・雄手・又は陰とも稱する。又この兩手を奇正と唱へる人もゐる。

所謂『鬪は奇正の間に在り、奇變じて正となり、正變じて奇となすに非らずんば何ぞ勝を制するを得んや』とか、或は又『陰陽始め無し、動靜現はれず、道を知る人に非らずんば誰か克く勝を制するを得んや』とか、古人も謂うた通り「唐手」の妙は實にこの兩手伸縮の間に得られるのであつて、是の奇正・陰陽の二句は誠に我が唐手術の妙諦と謂はねばならぬ。

唐手は只この二本の手の操縱如何に依つて勝敗の運命が極まるので、修業者の苦心も是に到つて初めて目醒める譯である。

順序として拳の握り方、足の立方から説くことにする。

第二、拳の握り方と足の立方

第一圖　手の握り方（其の一）

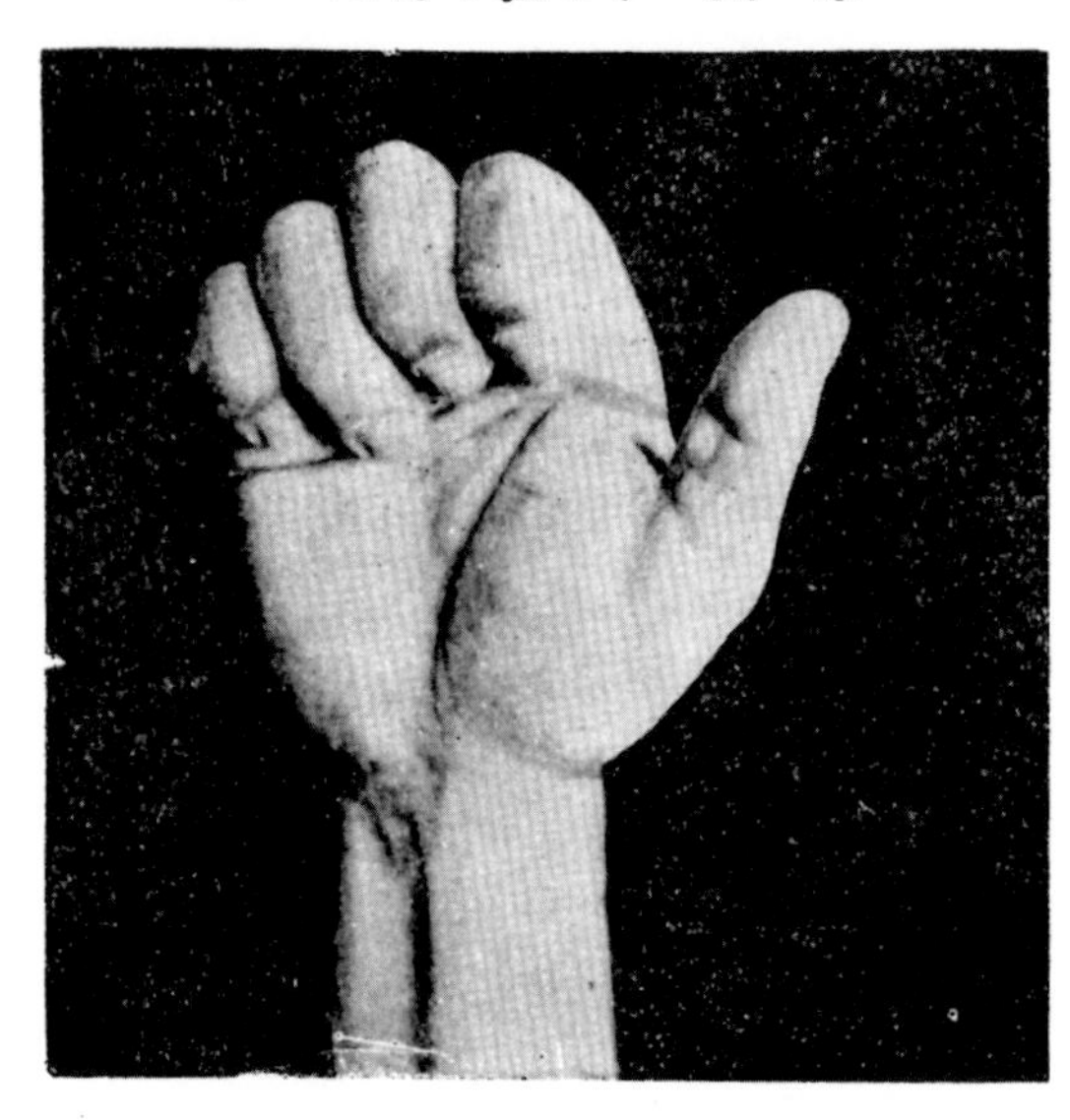

唐手に於て手を握る順序を三段に分けて示せば、最初に四本の指を第一圖のやうに淺く握る。

第二圖　手の握り方(其の二)

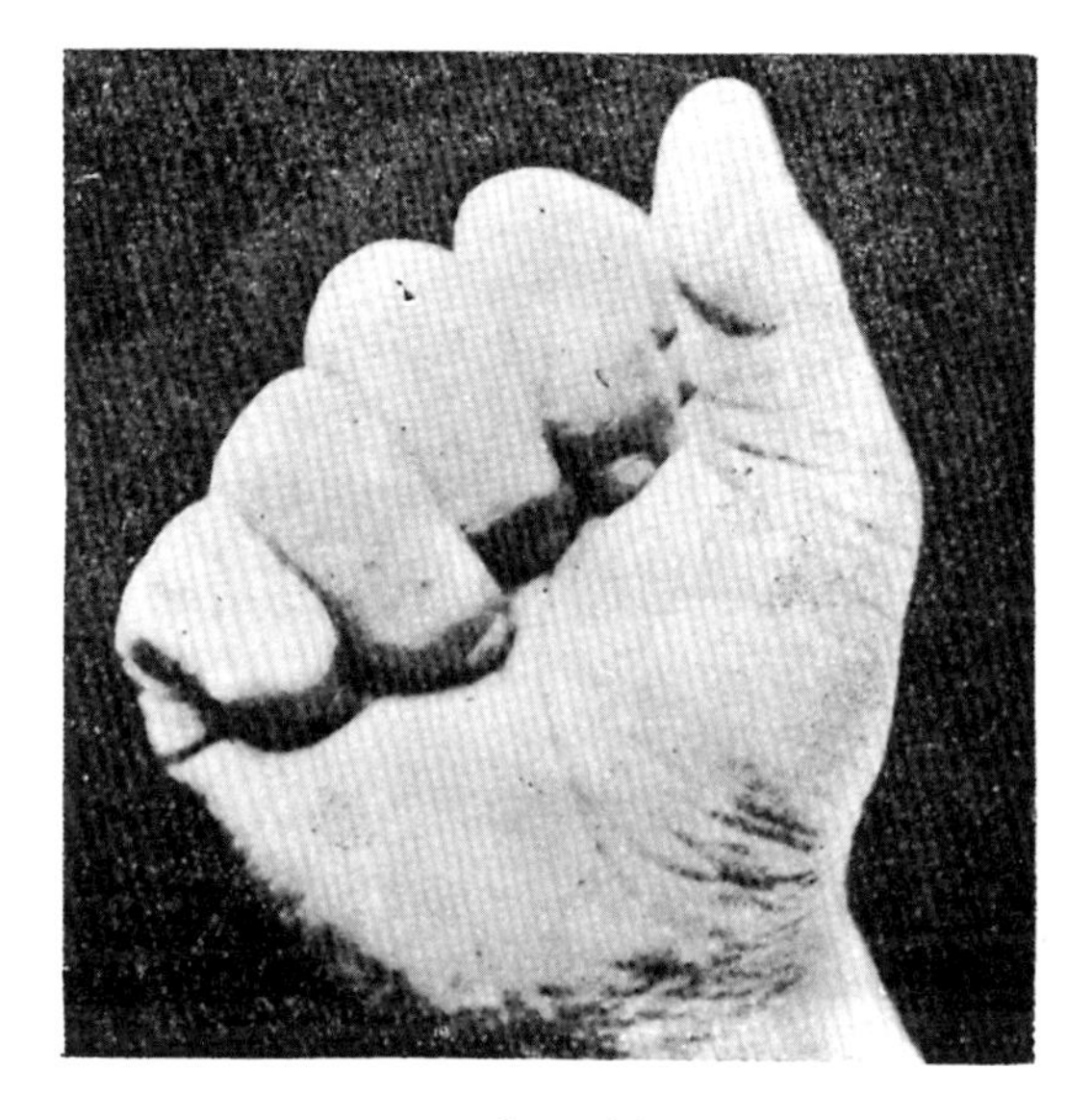

第二圖のやうに二度目に四指を疊むが如く深く握る。

第三圖　手の握り方(其の三)

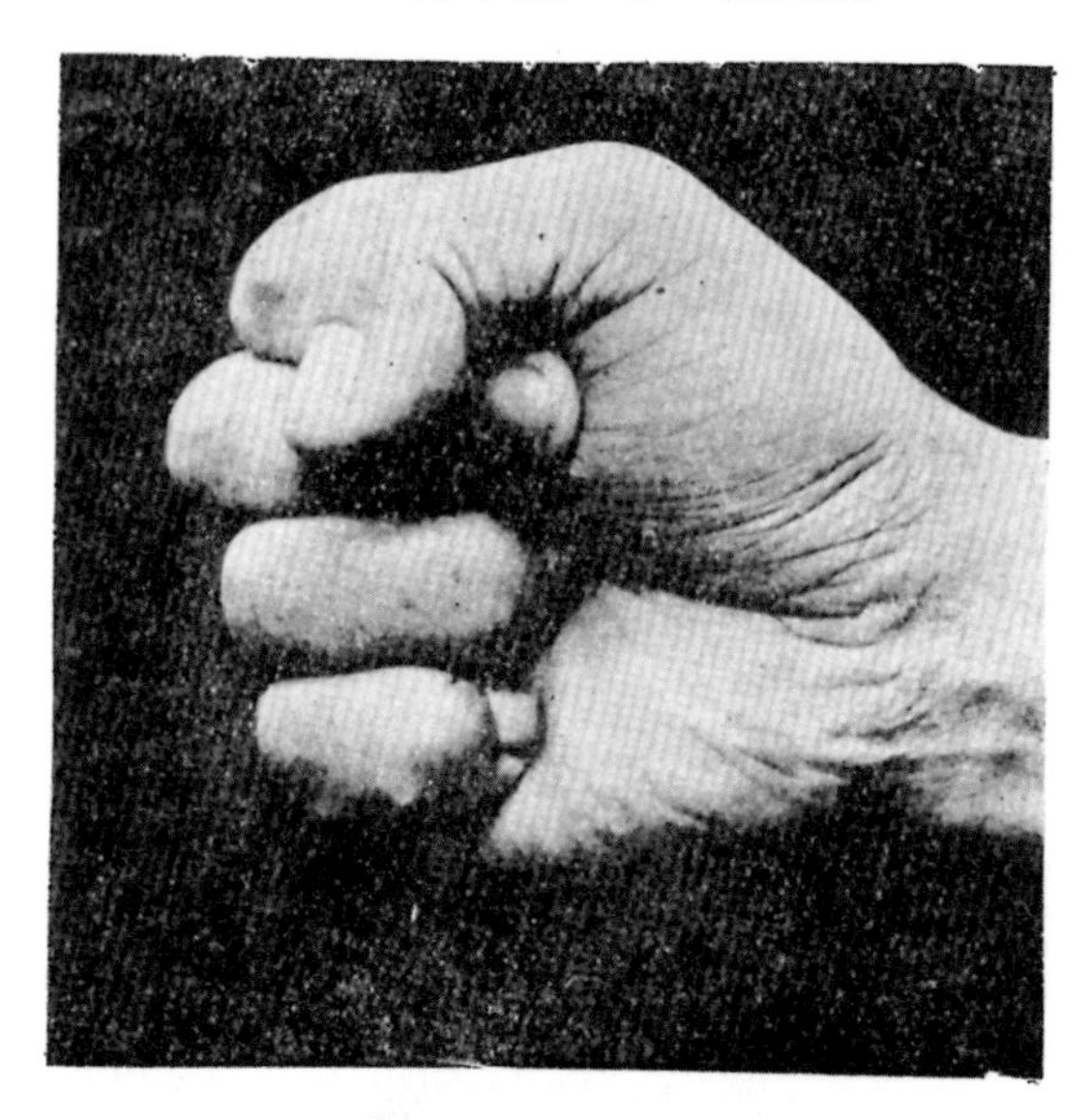

三度目に拇指を曲げ、人指・中指兩指の上に横たはるやうに置く。

第三圖は握つた手拳の裏を示したものである。

第四圖　手の握り方（其の四）

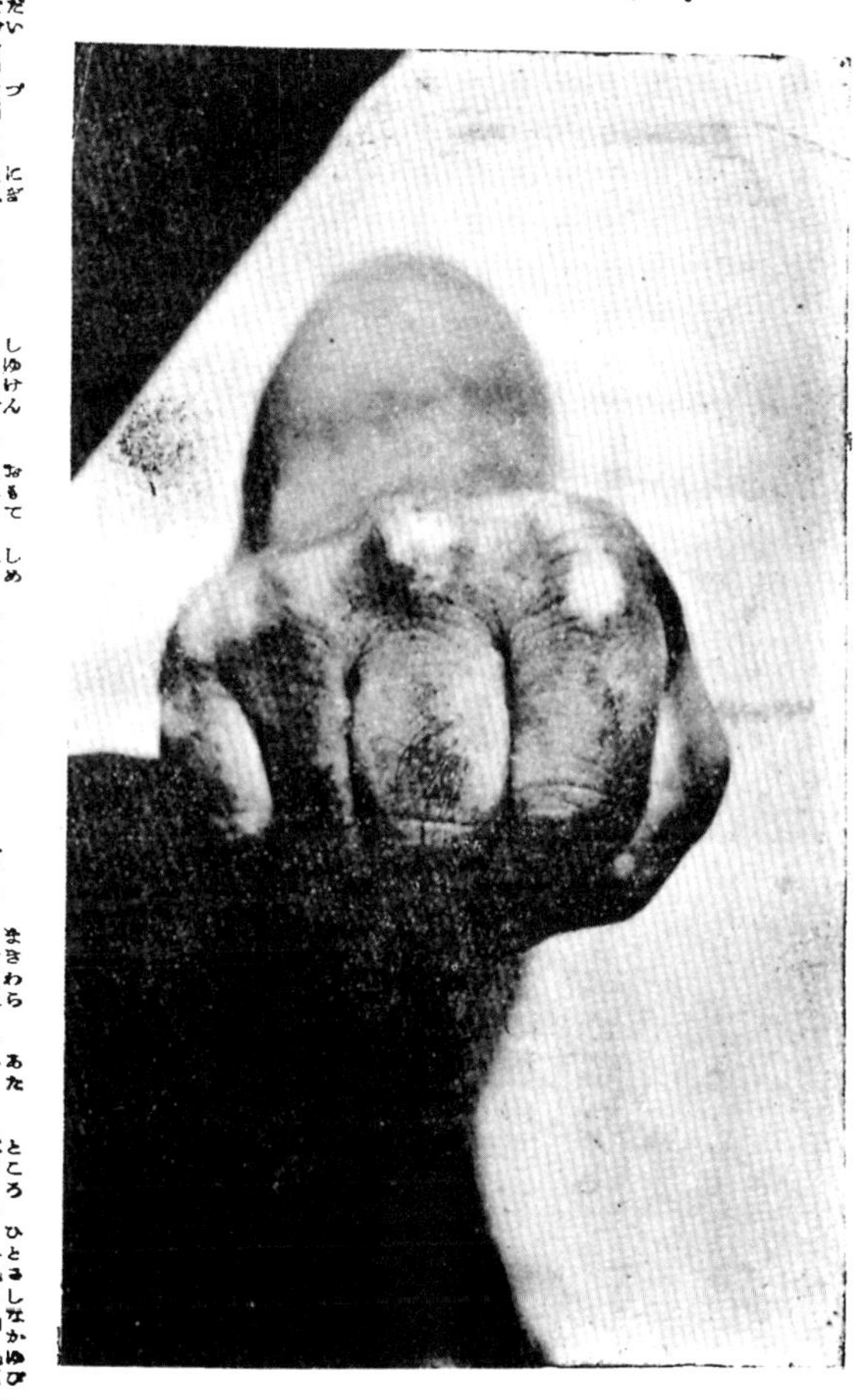

第四圖は握りたる手拳の表を示したのであるが、卷藁に當る所は人指中指の四節

第五圖　貫き手（其の一）

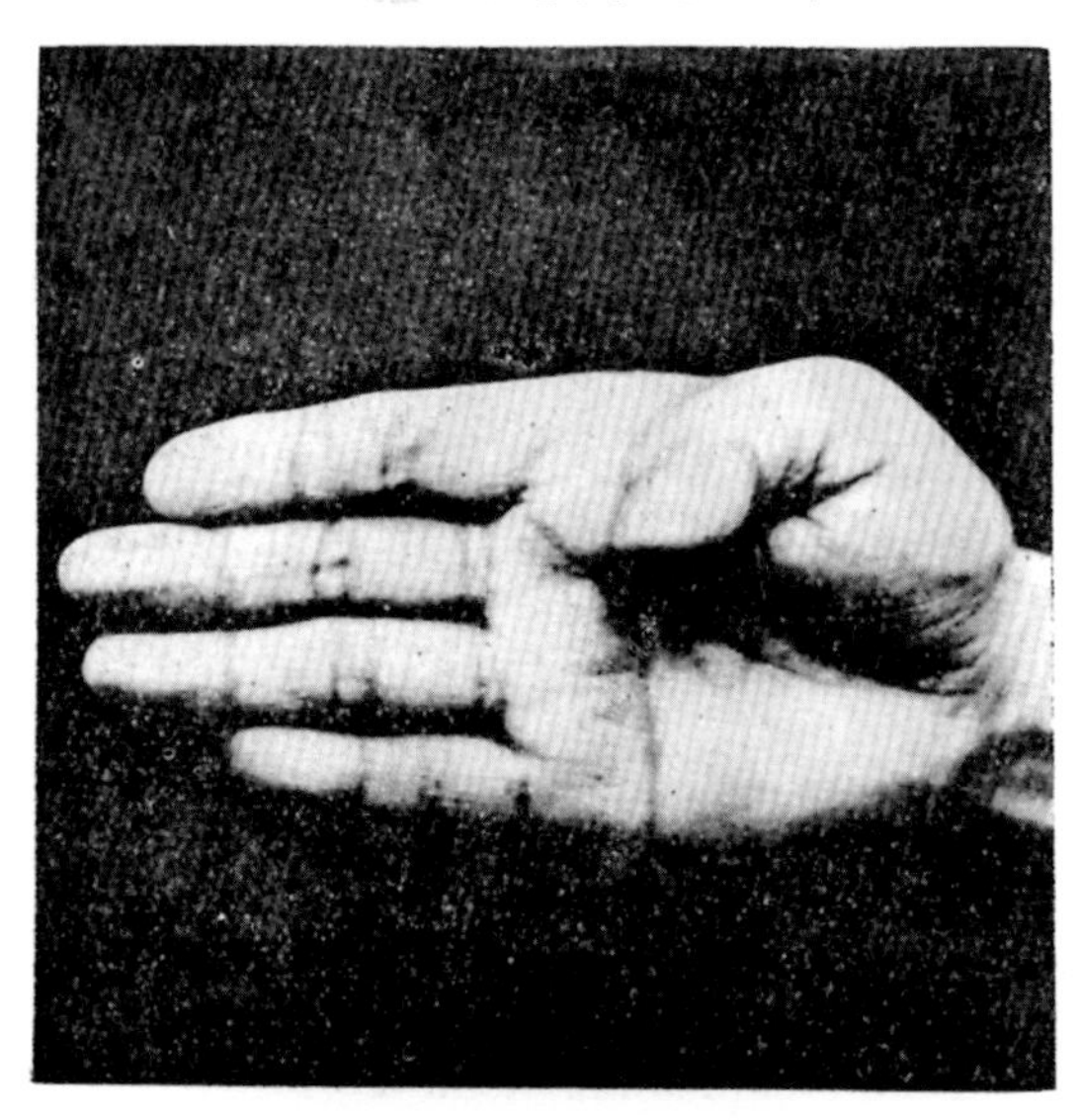

第五圖の如く四本の指を眞直に伸ばし拇指を曲げる。俗にこの種の手を貫き手と名づく。

第六圖　貫き手（其の二）

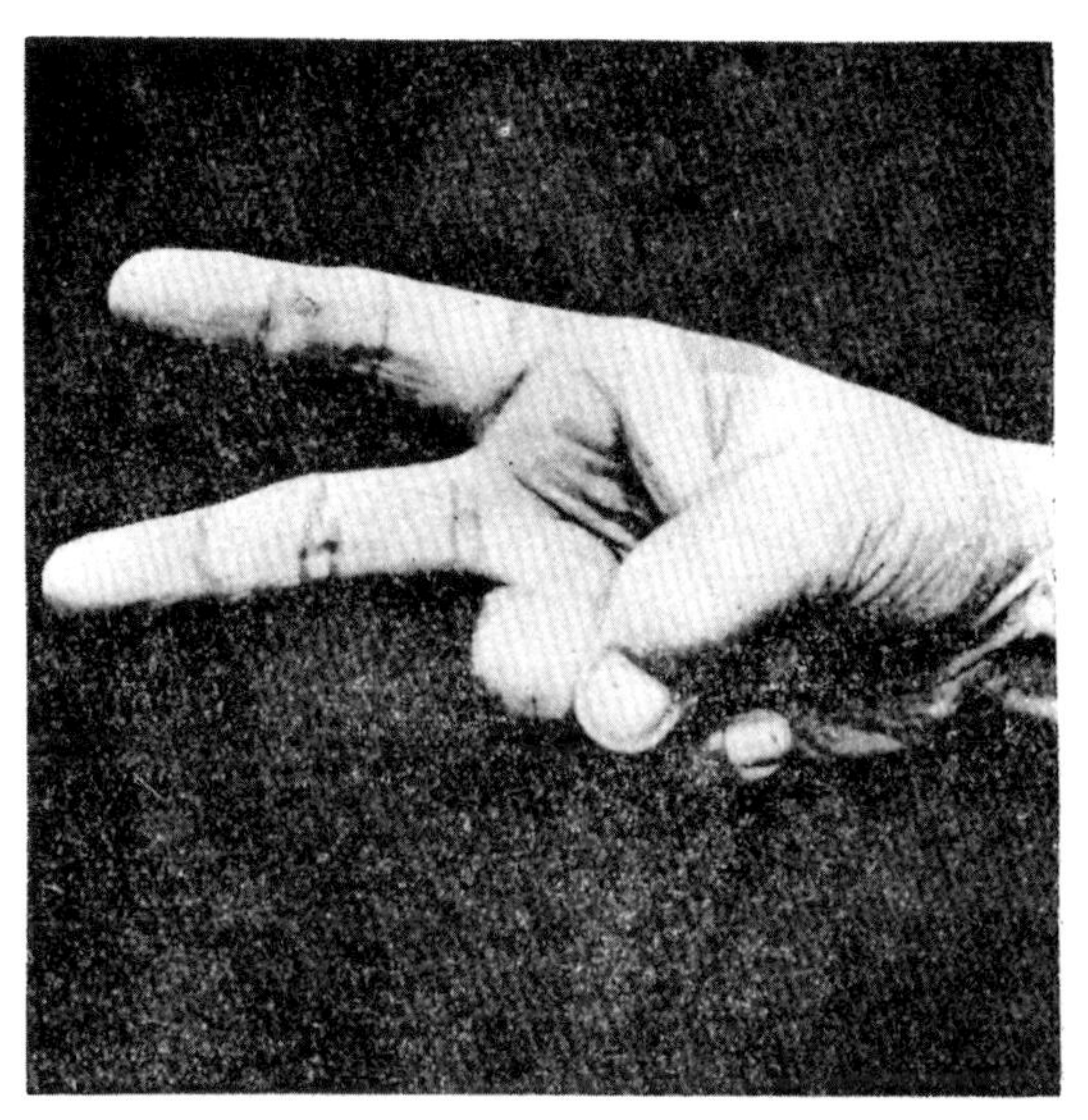

貫き手は第六圖のやうに、最初に無名指と小指を同時に曲げ、無名指の上に拇指を曲げて置け。

第七圖　中高一本拳

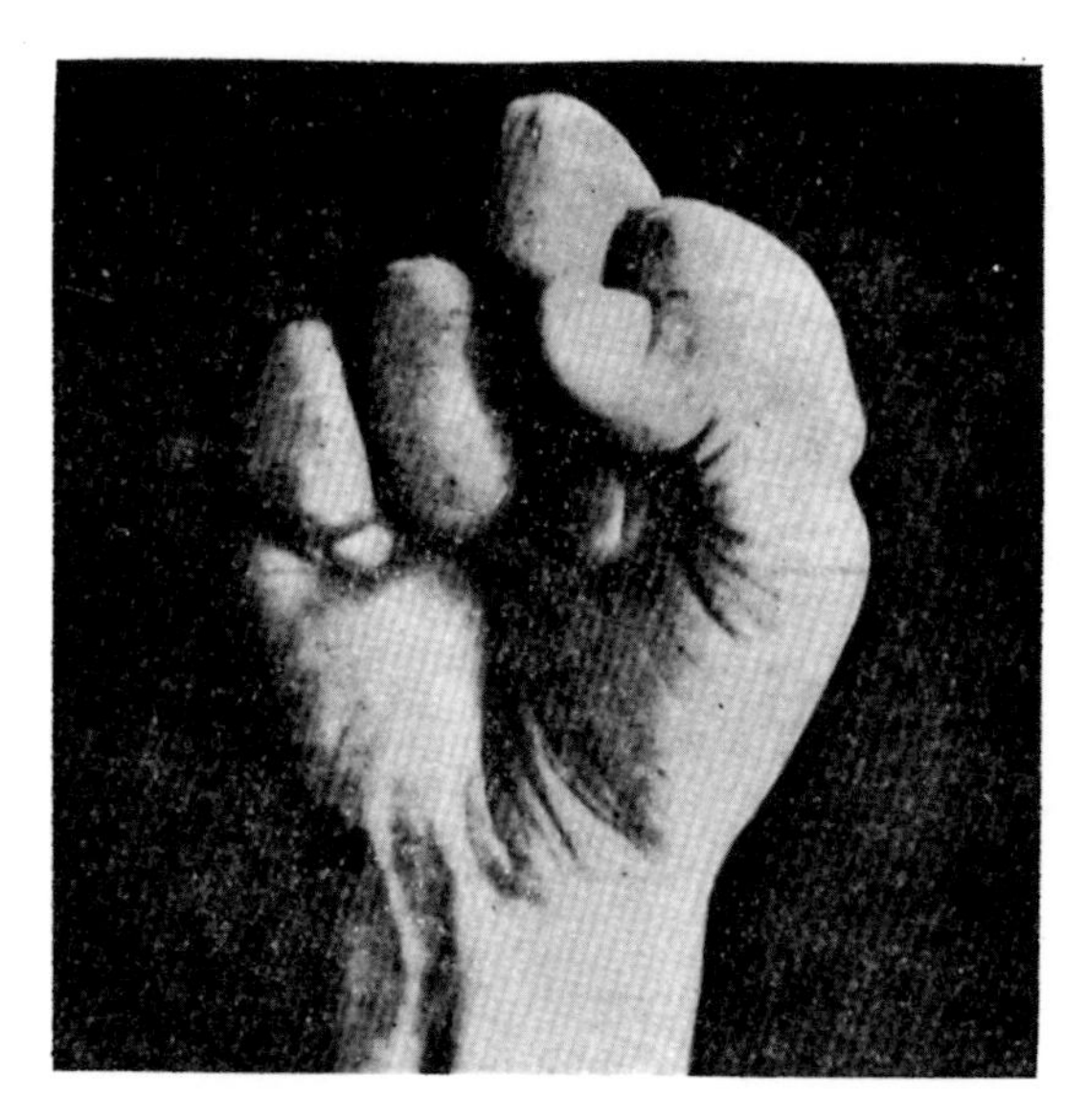

中高一本拳には人指を高く出すのと中指を高く出すのとの二通りあるが第七圖は中指を高くした握り方である主に顔面攻撃の場合にこの種の拳を用ふ。

第八圖　一本拳

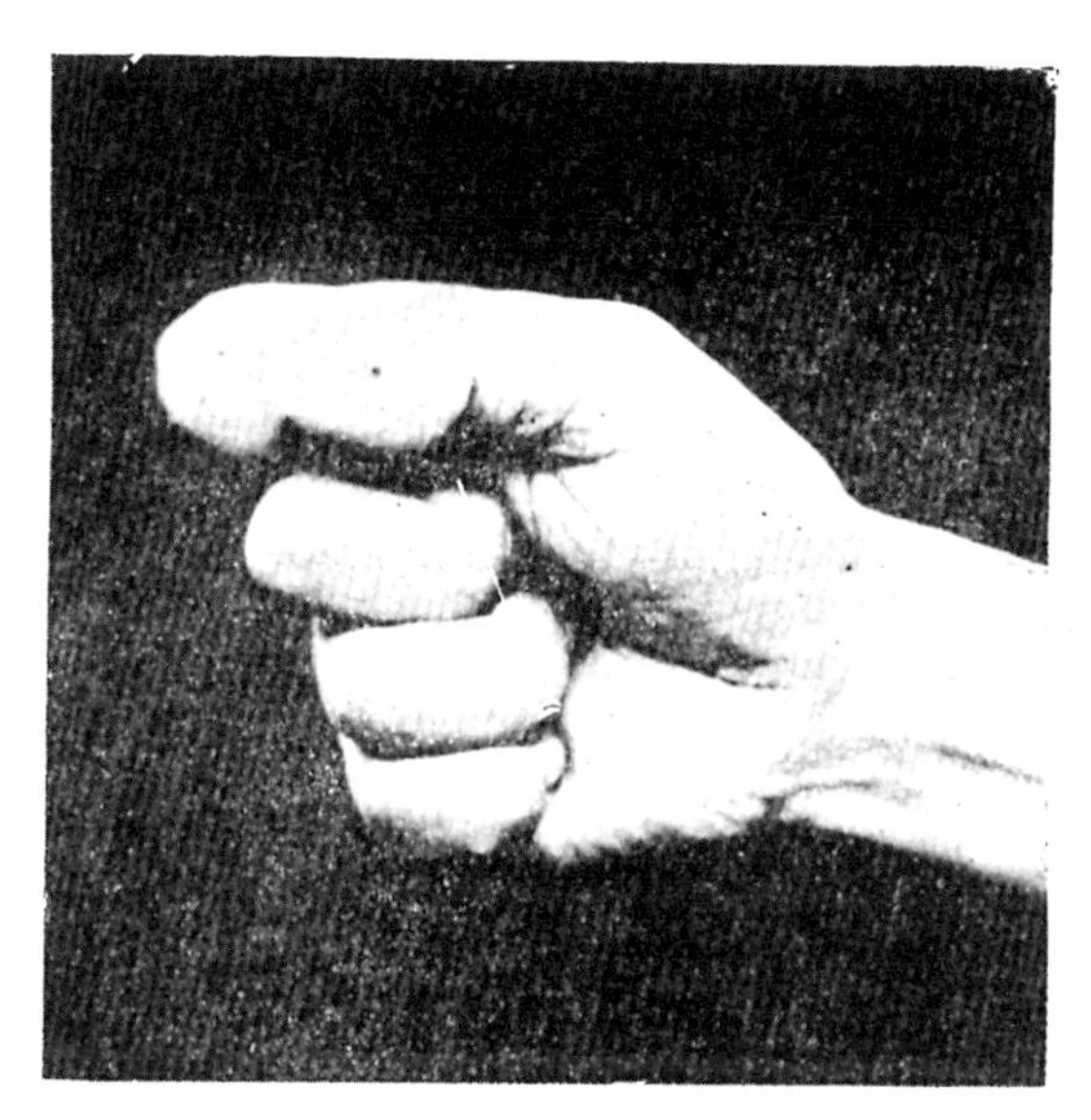

第八圖は裏面から見たる一本拳の握方。最初に中指・無名指・小指の三本を同時に曲げ、次ぎに人指を一層高く出し、指頭の横を拇指で抑へて拇指人指に特に力を入れる。

第九圖　閉足立の姿勢

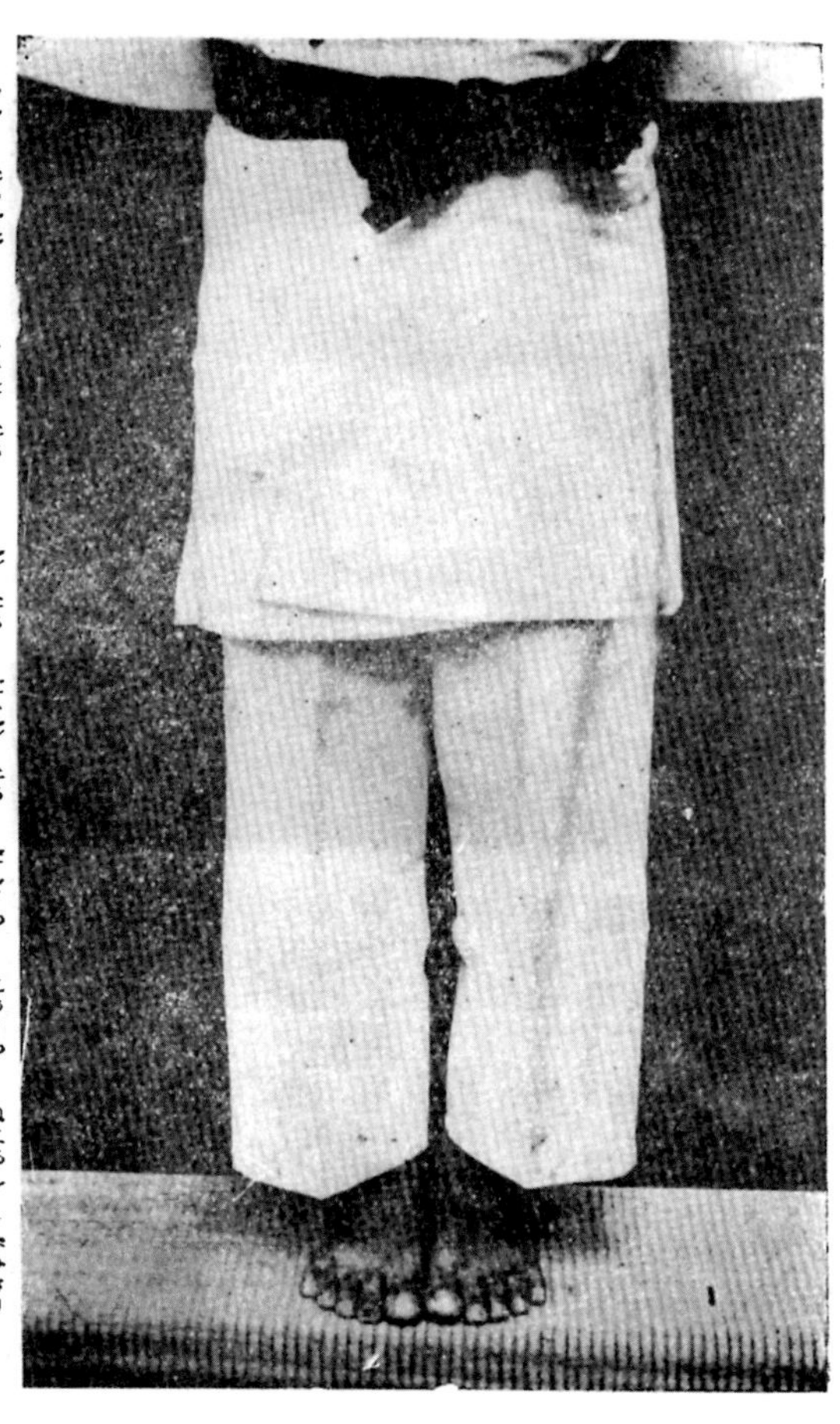

足の立方には閉足立、八字立、丁字立、前屈、後屈、猫足、踏切、ナイハンチ立、三進立等あるが、第九圖は閉足立を示したのである。そは全く體操の氣を付の姿勢に爪先を閉ちるだけの相違である。

第十圖　八字立

八字立。第十圖は讀んで字の如く八字形に爪先を開き兩手を自然に垂れる。其距離凡そ一尺五寸

第十一圖　前屈姿勢

第十一圖前屈姿勢の前屈とは、後屈に對する言葉で、前屈膝を略してかく呼んだのである。

第十二圖　後屈姿勢

後屈姿勢。前屈膝に對して後屈膝を略して、後屈と名づく、やはり其立方が凡て正反對で前を屈げた時は前屈、後を屈げた時は後屈と名づく。

第十三圖　猫足

猫足とは猫が鼠を、捕へんとする時踵を輕く立て將に飛びつかんとする姿勢で、蹴放し、蹴込み、又は進退を機敏に自由に動作するにはこの立方が最も當を得てゐる。

第十四圖　ナイハンチ立

ナイハンチ立。は八字立の後開きの姿勢に少しく足を前に倒し、兩足の力は外部より中央に集注するが如き心持である、卽ち乘馬の姿勢に同じ。

突出の姿勢。右手を突かんとする時は握りたる拳（手の甲下）を右脇腹に取り左の拳は左股よりはなして少しく張る。

第十五圖　手の突方（其一）

突出した處。右手を突く時は左手は捻ぢ上げるが如く突と同時に左脇腹に引付く當ての極まる時は（手の甲上へ）力を丹田に入れる。

第十六圖　手の握方（其二）

第十七圖　足の出方（其一）

足の蹴方。前面を蹴らんとする時は左の足に體を托し、土踏まずと指の間で蹴る、指を曲げて指節の處で蹴る場合もある、足は直ぐ元に復す。

足の蹴方。足の右側面で蹴らんとする場合は左足に體を托し、右足を左膝頭の上に輕く伸べ、足の側面で蹴る。

第十八圖　足の出方（其二）

突く力の練習と拳の鍛錬のために卷藁を用ゐる、卷藁の突方は大抵左足を少し前に出して突くのが普通であるが、偶には八字立の突方も宜しい、兎に角腰を据ゑて突きさ

第十九圖　卷藁使用圖（其一）

へすれば間違はない、其突き場所は人指中指の四節の所、朝晩成るべく左右同じく練

第二十圖　卷藁使用圖（其二）

習を要す。力と回數は漸次增加すべし。但し右利きの人は左を右の二倍突くを可とす。

第三、巻藁の作方

巻わらには提巻藁と立巻藁の二通りあるが普通立巻藁單に（まきわら）を使用するのが多く提巻藁は「まきわら」のやうには使用されない、唐手をやる者は殆どこの「まきわら」を突かない者はないと云つてもいゝ位である。

其作方は提巻藁は十束位のわらを繩で固く巻き付け其太さやゝ弓を稽古する巻わらと大差はない、それを兩端より提繩を掛け上に吊して突くやうになつてゐるが「まきわら」は藁で平紐を作りわらを巻き長さ一尺幅三寸程のまきわらを巻藁木にクビリ付けて突くことになつてゐるが其寸法は普通左の通りで好からう。

一、全長　七尺
　地上四尺五寸　地下二尺五寸
一、幅　三寸
一、厚さ　上端五分　下端二寸五分

身長と體力とに依り多少の伸縮を要す、突く度に彈力あるようにする。但し保存上成るべく深さ一尺位の蓋を作り使用後まきわらの部分に冠ぶせておくのがよい。

第四、手技

突手＝受手＝拂手＝貫手＝掬手＝逆手＝打手＝掛手＝
摑手＝引手＝握手＝組手＝裏手＝搔分＝猿臂＝變手＝

突手は敵の入れて來る手を受けると同時に突く手でこれには突き放しと突込みの二通りあるが其使用法と練習法は第二圖手の突方と卷藁使用圖參照

受手とは敵の入れて來る手を受ける意でこれには內受、外受、上げ受、拂受、逆受、受流等種々あるが、成るべく敵をして不利の地位に立たしめるやうな受方を工夫せねばならぬ。

拂手は敵の入れて來る手を拂ふの意で、これにも亦幾通りもある。順、逆、右、左、上、中、下と種々にこれを用ひるのである。其の使ひ方は練習の如何によつて自ら會得するであらう。

貫手にも一本貫き、二本貫き、四本貫きと様々あるが要は平素の練習にあるので容器に米或は豆、進んでは砂、小石等を入れて指尖を慣らし其他疊まきわら等にて十分練習しておくと時に依り拳以上に利くことがある。其熟する頃からは木の皮をはぎ板を割り石を削るのも雑作ない。

掬手とは敵の一生懸命に突込んで來る手を掬受け掴むと同時に引き寄せて蹴放し敵の體勢を崩すの意である。

逆手とは順手の反對で多くの場合順手に依り攻防するのが通則なれども、しかし偶には逆手を使用せねばならぬ場合が往々に出て來ることに注意しなければならぬ。

打手とは平素あまり使用する手でないが場合に依り拳以上の效驗あることがある、其使用所は主に手の甲、指刀、肘等であるが、この類は多く一本拳、掌等が使用されてゐる。

掛手とは敵の突込んで來る手に掛けるのでこの掛方に依り略々敵狀を推定すること

が出來る。卽ち力量の有無、技術の巧拙、手技の機敏遲鈍等自然此の手筈へに依り推定することが出來る。

摑手とは敵の入れて來る手を摑み身をかはしてそらすこともあるが、摑まへた手を引きながら相手の力を利用して、術を施すことは一層妙である。摑手の妙味は全くこゝにあるのである。

引手とは敵の入れて來る手を利用しそれをつかまへて引くの意で、成るべくこれを捻ぢながら引くと敵自身は靠れかゝつて來るのである。

組手と云つて特にその手技があるのでなく、互の約束で實戰練習の上より組織した一種の型を云ふのである。卽ち基本の型をよく呑込んでおけば、その活用に依つて臨時の處置を取る事が出來るので、所謂型の活動に過ぎないのである。

裏手とは表手の反對で裏を使用する場合が屢々ある。手のつまる時か或は敵を誘致して術を施さねばならぬ場合に當つて、なんかこの裏手の出る場合がある型にもよく出てゐる。

猿臂とは單に臂の異名で唐手は元多く鳥獸の技巧から案出したのがあるので猿臂もそれから出た名らしい、敵の手をつかむと同時にこの猿臂でアバラボネを突く時は如何なる人でも一本でマヰツテしまふことがある。

變手も亦順手の反對で普通順手に依るのが、正當なるも、臨機應變偶に順手で不利の場合俄かに變手を使用せねばならぬことがある。けれども、未だ練習の積まない初心者には望んで得難い手である。

第五、足　技

蹴上＝飛蹴＝三日月＝內股＝外股＝踏切＝寄足＝飛込＝猫足
膝鎚＝蹴込＝蹴放＝金的＝波返＝三角飛＝

蹴上とは顎又は上段蹴放しの場合に多く使用するので、この蹴方は左足に體を支へ極めて迅速に蹴上げ、それと同時に強く早く引かないと、却つて敵に掬はれる恐れがある。

●飛蹴は蹴上とは少しく趣を異にし飛びながら兩足で蹴るのである。型にも多く出てゐるので、形だけの練習はそれでもよいが實際の稽古は石下駄、鐵下駄等を履いて足を慣らすことが肝要である。

●三日月は其名の如く側面蹴放しの時に多く用ゐるので、其形の似たる所より命名した名で他の蹴方とは少しく趣を異にしてゐる。(但しセーシャン。パッサイ。等に此手あり)

●内股双方の手の組合ふ時足の利用に依つて勝敗の極まる場合がある、斯くの如き場合に膝頭を以て内股を強く打ち體を崩す手である。(但し相手の體勢を見て施す)

●外股は内股の反對で同じく双方の手の組合ふ時やはり膝頭を以て外側より股を敲きつけ體勢を崩すのである。

●踏切は相手の隙を見て手と共に敵の足を踏み又は踏切るのであるが手を入れる時及

び上段受けの時等非常に效驗がある。

寄足相手の入れた手を受けて入れ返へしの時手の屆かない時か、若くは何かのはずみに緊張せる氣を失せさす場合等に多く用ひる手であつて、必ずしも前後左右一定はしない。

飛足と寄足は稍や似て少しく趣を異にしてゐる。寄足は兩足共に床をスッテ寄附く足の使ひ方であるが、飛足は床をはなれて鳥の飛ぶが如く自由に飛付くのである。

猫足は主に後足に體重を托して前足は猫の足の如く踵を立てるので進退凡べて音無しの動作を云ふ。（立方第姿勢參照）

膝鎚は双方の手の組合つた時膝頭を以て股の内外を問はず打敲き敵の姿勢を崩すのであるが、しかし偶には相手の頭をこの鎚に當てゝひどい目に逢はせることがある。

蹴込は何處となしに隙を見て蹴込むので蹴込んだ足を直に引取らずに踏込みおくの

が蹴放しと異る所である。

蹴放は前に述べた通り蹴放した足を早速引き取るのであつて敵に足を掬はれる恐れは勿論ない。蹴放は主に左足に力を入れ、蹴込みは主に右足に力を入れるのである。

金的偶に不意打を喰らつて萬止むを得ない場合か若くは手のつまつた時或は両手を取られた時等に餘儀なく睾丸を蹴らねばならぬ場合がある。これを金的と名づく併し九死一生の外は大禁物。（ナイハンチ初段波返への應用）

波返しは双方の手の組合つた時克く利用する者があるが、斯くの如き場合は足で受け其返しは敵の股に踏込むのが通例なるも、強敵に對しては受足の返しを金的に打込まねばならぬ場合を云ふ。（ナイハンチ初段第一二圖參照）

三角飛は昔から神秘的の妙技として普通の場合決して見られるものではない。双方互に奥議を極めた大家になると、幾千仭の絶壁や數千尋の海上で或は命の取遣りでもするやうな場合に於てアワヤ一大事と來た時に三角形に飛び越えて九死一死を免れる場合があるので主に敵の力を利用してこの術を施すのである。

第六、演武線

演武線とは演武中の位置を示した略線であつて、前後左右縦横に動作するも要するにこの演武線の範圍外に出でないのである、前の線を第一線。縦線を第二線。後の線を第三線といつておく。

一字形 ─

丁字形 ┬

十字形 ┼

工字形。

第三線
第二線
第一線

土字形。

イ、「ナイハンチ」初段、二段、三段及び「チントウ」は一字形に屬し。

ロ、「ピンアン」三段、五段、「バッサイ」(大)は丁字形に屬し。

ハ、「セーシャン」「ジッテ」は十字形に屬し。

ニ、「ピンアン」初段、二段、「ジッテ」、「ジオン」は工字形に屬し。

ホ、「ピンアン」四段、「公相君」は土字形に屬す。

第七、投技

唐手は柔術に對しての剛術であるから、素より、投技、倒技などは本目的にはなつてゐない、けれども柔あつての剛である以上は、柔を交ぜるのも一種の切味である。

對手の力量に應じて柔剛臨機の技を施して行く上に於て又言ふに言はれない一種の趣が出て來る。同じ投技にしても三通も四通りもあるが、そこは研究者に任せて多くを語らないが、一例を示せば彼の谷落しの如きでも非常に力量の違ふ者になると、あのまゝ輕く辷べらして濟ます場合もあるが、自分同等以上と認め迚も仕方のないと云ふ場合になると防御上涙を呑んで頭を杵つきにせねばならぬ場合がある。

併しながら、この投技も、總べてが受手を利用したに止めて、一つとして先手はない。段々研究すれば、する程相手の手を利用して如何樣にも防禦の手が湧いて來る。だからと云つて無茶には出來ないが、何しろ型を能く呑み込んでおきさへすれば、四方八方、臨機應變、自然と法に叶つた受け方が活躍して出て來る譯だ。

相手の突込んで來る右の手を此方の右手で裏受けをなし同時に左手で相手の腕を掴み、右足を後ろに引きながら捻ぢ倒さんとする處、「ナイハンチ」初段の變手ともなる。

第二十一圖　捻　倒

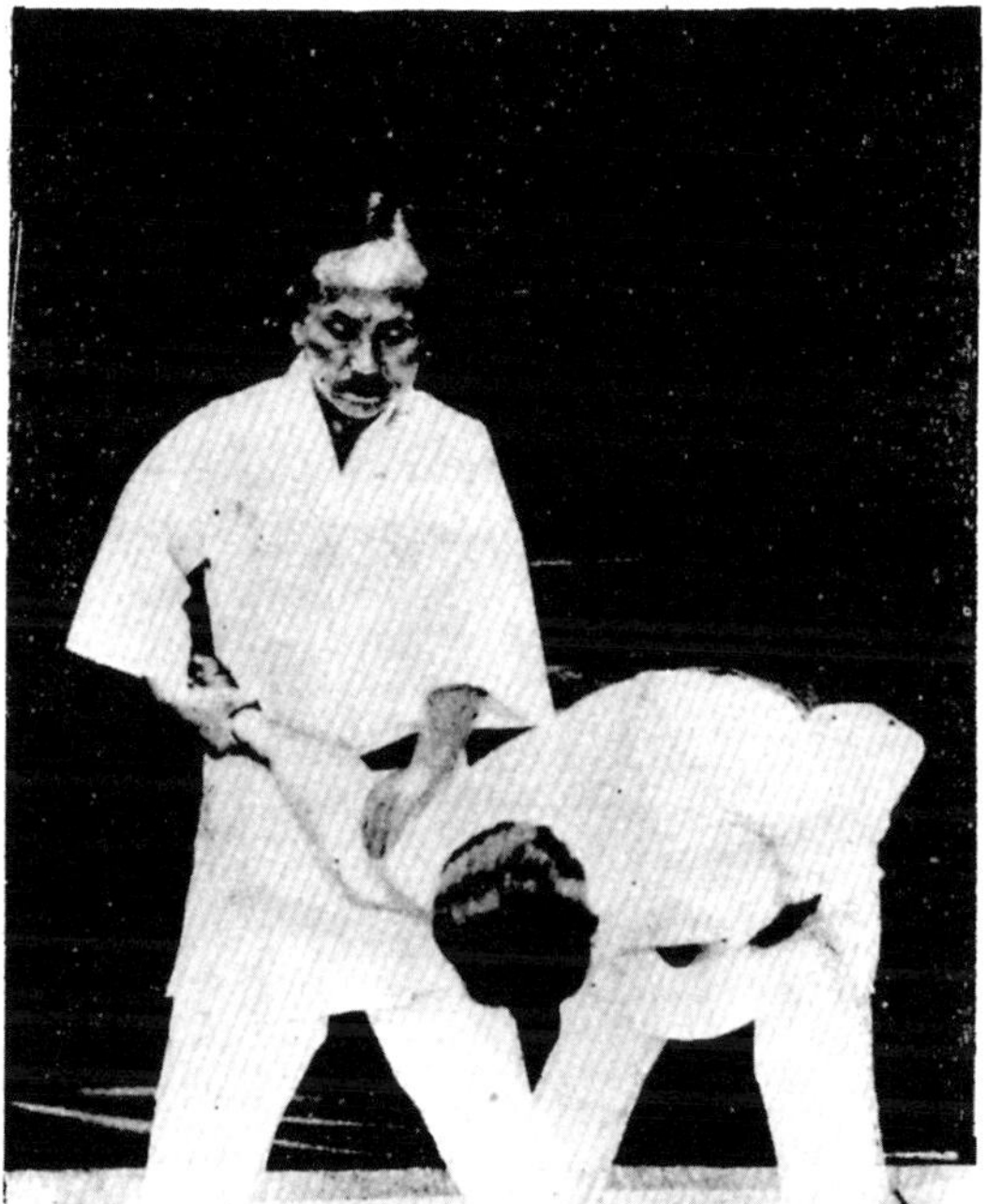

此方の顔を目蒐けて諸手で突込んで來る手を上段で受け返へし、兩手で相手の足許に

第二十二圖　鎖環

飛込んで腕環を掛けんとする處。「バッサイ」應用の變手ともなる。

第二十三圖　谷落

相手の突込んで來る右の手を此方の右手で上段受けをすると同時に飛込んで横より兩手を後に廻して抱き締めヤット振り上げて倒さに投げ捨てんとする處。

相手の右手で此方の顔を目蒐けて突込んで來る手を利用し、此方の左手で內から腕を

第二十四圖　槍玉

摑むと同時に、股の下に右手を差込んで持上げ、逆さに槍で玉を貫き上げた樣に將に投げんとする處。

相手の突込んで來る手を利用し外より逆に受けると同時に其手を辷らして首を卷き足を掛け左手は帶を摑み首を強く引き將に倒さんとする處。

第二十五圖　頸環

相手の突込んで來る右手を此方の右手で逆に受けるや直ぐに左手と受け代へ、其手を

第二十六圖　咽　抑

辷らして首を摑み、相手を將に倒さんとする所。

第三篇　唐手の基本及び型

第五章　基本及び型

第一、基本練習

最初に基本練習として少林流より「ピンアン」の初段、昭靈流より「ナイハンチ」の初段の二つを提出した。しかして何人にも直ぐ解るやうに全部寫眞を以て動作の變化を示した。

次ぎに「唐手」として一番變化に富み、尤も趣味あるもの、即ち八人と戰ふの手として他の諸々の手にも關係を有つてゐる「公相君」を全部寫眞で圖解した。これは大正十年東宮殿下の台覽に供した名譽ある型である。

第二、平安　初段　少林流

（全部にて二十六擧動より成る、約二分間にて了る。一動作毎に十唱法により呼び一より十までを繰返す）

用意の姿勢は八字立にて直立す、爪先の間凡そ一尺五寸、手を握りながら左より一、二と開く、

第二十七圖　ピンアン初段（用意の姿勢）

（團體練習の場合は大間隔に展開し氣を付けの號令にて閉足姿勢となり一禮の後用意にて右の動作に移る）

初め一の呼稱と共に左側面へ兩手を同時に第二十八圖の如く擧げる。

但し立方は左側面へ丁字形をなす。（後屈姿勢）

第二十八圖　ピンアン初段（其一）

不意に左側面より突き込んだ手を左で受け右攻撃の姿勢。

二の呼稱で左手は右肩前に右手は左肘に觸れるやうに伸びる丈伸ばして打込む。

第二十九圖　ピンアン初段（其二）

立方、第二十八圖に同じ。左手で受けて右手打込んだ處。

三の呼稱で左手を水平に突伸ばすと同時に、右手を右脇腹に引付け第三十圖の如くす

第三十圖　ピンアン初段（其三）

る右手打込まれウロタへて後スザリとするを追うて左を伸ばし突く處。

四の呼稱で急に右へ振向くと同時に兩手を擧げて第三十一圖の如く右構へをなす。

第三十一圖　ピンアン初段（其四）

但し下體は後屈姿勢。四、五、六、は左側面の反對動作。

五の呼稱で右手を左肩前に左手を右肘に觸れ伸びる丈伸ばして打込む。

第三十二圖　ピンアン初段（其五）

六の呼稱で右手を水平に突伸ばすと同時に、左手を左脇腹に引付ける。

第三十三圖　ピンアン初段（其　六）

七の呼稱で後方へ振り向くと同時に、右足を左膝頭に擧げると共に兩手を握りたるまゝ左脇腹（右手上）に組む

第三十四圖　ピンアン初段（其七）

後ろから突き込んとするのを急に振り向いて右手右足共に蹴放さんとする處。

八の呼稱で右手右足共に蹴放す。

第三十五圖　ピンアン初段（其八）

後ろから抱きかゝらんとするを右手右足共に蹴放す姿勢。

九の呼稱で前に蹴放したる足を其場に立つと同時に後ろへ振向き、左手を前に第三十六圖の如く受ける。

第三十六圖　ピンアン初段（其九）

この時右手は掌を上に左肘前三四寸のところまで廻す。但し後屈姿勢。

十の呼稱で右足を一歩前進すると同時に、第三十七圖の如く右構へをなす。

第三十七圖　ピンアン初段　（其十）

三十六、三十七、三十八圖の前の手は凡べて受け手にて後の手が攻撃の準備をしてゐる處）

十一の呼稱で左足を一步前進すると同時に第三十八圖の如く左構へをなす。

第三十八圖　ピンアン初段（其十一）

注意　但し此處でのこの構へ方は左から始つて右と代り左と代つて三回目である。
即ち第三十六圖と全く同じ。

十二の呼稱で右足一步前進すると同時に右手を突込む。この時左手を右脇下に圖の如くす。

第三十九圖　ピアンシ初段（其十二）

注意・・兩手足三つ共動作は同時たるを知るべし。
突込んで來る手を右、左へ受けられたので後へスザル敵を逃がすまじと突込む勢。

十三の呼稱で右足を樞にして急に左へ廻はり、第四十圖の如く左構への姿勢を取る。
突込むと同時に後に又敵現はれ同じく此方に突かんとするを急に後へ振り向き受けた處。

第四十圖　ピンアン初段（其十三）

十四の呼稱で右足を一步左斜に前進すると共に、第四十一圖の如く右構へをなす。

第四十一圖　ピンアン初段（其十四）

十五の呼稱で十四の姿勢を崩さず其まゝ、右後ろへ左足を軸として第四十二圖の如き姿勢を取る。

第四十二圖　ピンアン初段　（其十五）

十六の呼稱で左足を一歩斜へ前進すると共に、第四十三圖の如く左構へをなす。

第四十三圖　ピンアン初段（其十六）

十七の呼稱で演武線第二線上に左足を摺り直ほすと同時に、左手を脇腹に引き、右手中段受けの姿勢を取る。この時成るべく右肩を前に出すやう注意す可し。

第四十四圖　ピンアン初段（其十七）

胸を目蒐けて突き込んで來る手を此方の右手で成るべく左肩の前を廻はして中央より右へ掻き出すやうに受ける此種の手を内受けと名づく。

十八の呼稱で四十五圖の姿勢のまゝ右足を成るべく高く前に蹴り擧ぐ。

第四十五圖　ピンアン初段（其十八）

足は成るべく高く足を慣らし蹴ると同時に下ろすべし。

十九の呼稱で蹴り上げたる右足を其場に下ろすと同時に、右手を引き左手を突き伸ばす。

第四十六圖　ピンアン初段（其十九）

蹴られた敵は少しく上體を後へそれるからつゞいて突く意である。

二十の呼稱で突き出したる左手を伸ばしたるまゝ下より右前へ廻はして受ける。

第四十七圖　ピンアン初段（其二十）

この時成るべく左肩を前に出すやう注意すべし。
敵の突き込んだ右手を此方の左で內受けをした處。

二十一の呼稱で第四十八圖の如く受けると同時に、左足を高く蹴上げる。

第四十八圖　ピンアン初段（其二十一）

右左の異なる丈で第四十五圖と同意義である。

二十二の呼稱で蹴上げた足を其場に下ろすと同時に第四十九圖の如き姿勢を取る。

第四十九圖　ピンアン初段（其二十二）

二十三の呼稱で右手右足前にして寄足で第五十圖の如き姿勢を取る。

第五十圖　ピンアン初段（其二十三）

但し下體前屈姿勢。

剛力の敵手を内受けするの意。

一十四の呼稱で右足を樞として左後ろへ四分の一廻はり、第五十一圖の如く下段拂ひの姿勢を取る。

第五十一圖　ピンアン初段（其二十四）

前內受けをすると同時に後ろより蹴る足を急に振り向いて打拂ふ處。

二十五の呼稱で右足を一歩左斜に前進すると同時に、右手を上に左手を左脇腹に互に引張るやうに圖の如く上段受けをなす。但し右拳先が頭上左端に過ぎないやうに注意すべし。

第五十二圖　ピンアン初段（其二十五）

顔を目蒐けて突込んで來る手を左手で掴むと同時に右手を上に擧げ左手を脇に引く心持である。此種の手を上段受けと名づく。

二十六の呼稱で左足を樞に右後ろへ廻はると同時に、第五十三圖の如き姿勢を取る。

第五十三圖　ピンアン初段（其二十六）

第五十一圖と同意義である。

二十七の呼稱で左足を一步右斜に前進すると同時に、左手を上に右手を右脇腹に互に引張るやうに圖の如く上段受けをなす。

第五十四圖　ピンアン初段（其二十七）

但し左拳先が頭上右端を過ぎないやうに注意す可し。これも第五十二圖と同意味である。

こゝに於て止めーの聲と共に第五十五圖の如き姿勢を取る。（ピンアン初段終り）

第五十五圖　ピンアン初段（其二十八）

團體練習の場合は直ほれで元の姿勢に復し、一禮の後解散。

注意

よく型を覺えた後は第三十四圖の姿勢を止めずに直ちに蹴放す、全體から一擧動を減じて二十六擧動と做す。

尚ほ、廿九と三十、三十二と三十三、三十四と三十五、四十五と四十六は續くべき所なれば注意す可し

第三、ナイハンチ初段（昭靈流）

（全部にて三十二擧動よりなる、約二分間にて了る、十唱法により一動作毎に數を呼ぶ。）

第五十六圖　ナイハンチ初段（用意の姿勢）

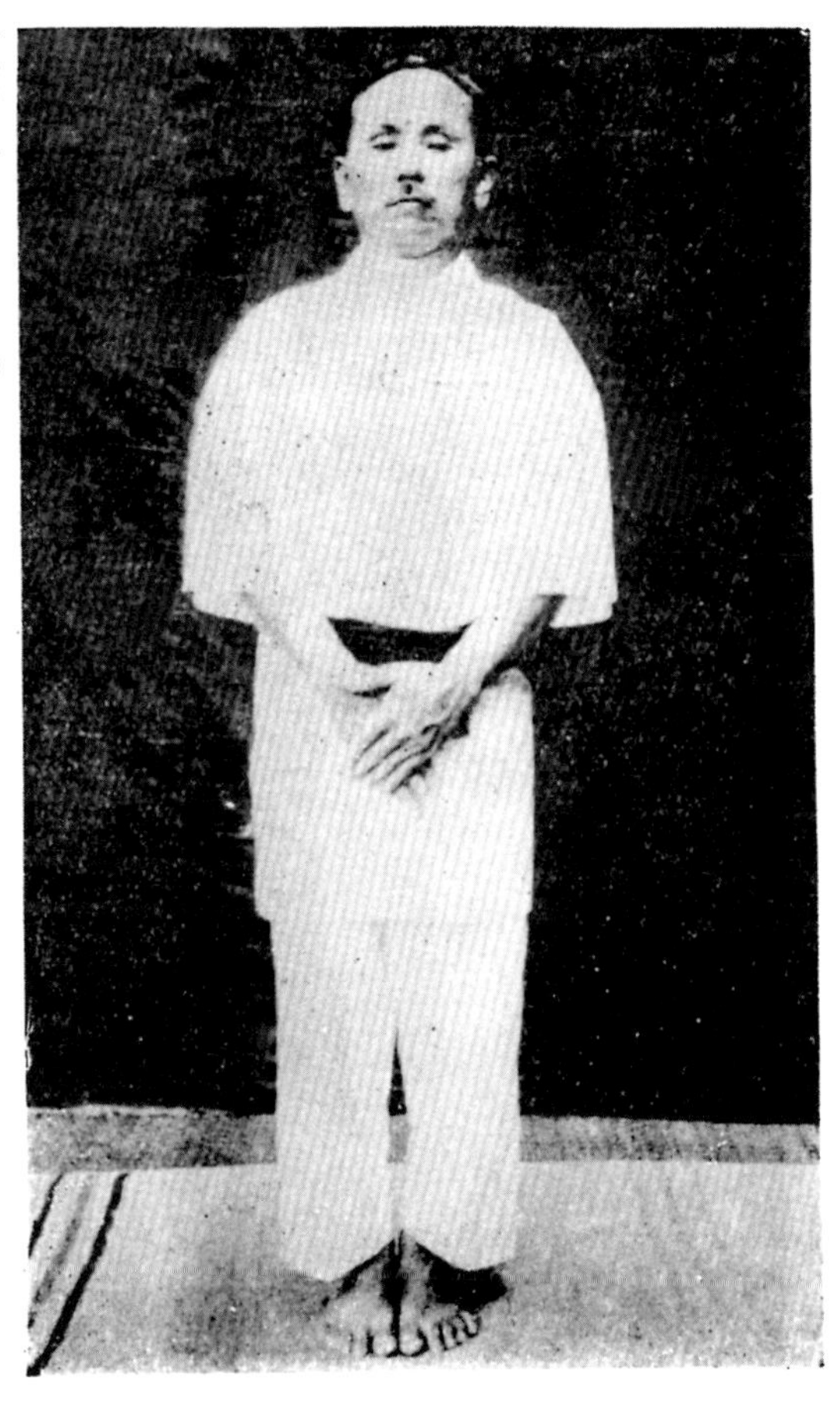

用意の姿勢は圖の如く、武器は何も持ちませんぞといふ意を表示してゐる。

團體練習の場合はピンアンと同じく大間隔。

初め一の呼稱で右側面を見ると同時に、左足は輕く右足を越えて交叉す。

第五十七圖 ナイハンチ初段 (其一)

但し右側に現はれた敵が攻勢を取るを認め、一歩踏込んで受けんとするの姿勢。

二の呼稱で右手を右へ伸ばすと同時に右足を右へ一歩踏み出し左手は握りながら脇腹に取りナイハンチ立ちをなす、この時目はヤハリ右側面を見る。

第五十八圖　ナイハンチ初段（其二）

但し足と足との間隔は爪尖凡そ一尺五寸位身長に依り多少の伸縮あるべし。

注意　ナイハンチ立は兩足を張り、臀を出し胸を張り、兩脚の外側より中の方へ力を締込むやうな心持である。

三の呼稱で伸ばした手で前の物を摑まへて引寄するが如くに、同時に左肘を使ふ。俗に是を猿臂（ゑんぴ）と名づく。

第五十九圖　ナイハンチ初段（其三）

但しこの時腕を胸部より凡そ五寸程はなし、下體を崩さぬやう注意すべし。

實際の場合は第五十八圖の手は少しく手首を裏に曲げて向ふの手首を掴み引くと同時に第五十九圖の如く猿臂を喰はす。

四の呼稱で拳と拳とを右脇腹の處に左を上に重ねると同時に左側面を見る。

第六十圖　ナイハンチ初段（其　四）

但しこの時體を正し肩が上がらぬやう注意あるべし。

五の呼稱で四の姿勢を崩さず其まゝ、左手を右肩の前より伸ばしながら膝頭の前に下ろす。

第六十一圖　ナイハンチ初段（其五）

但し膝頭を去る凡そ五寸。

六の呼稱で左手を捻ち上げると同時に、右手を圖の如く突出す。

第六十二圖　ナイハンチ初段（其　六）

但し腕と胸との間は凡そ五寸位。

七の呼稱で六の姿勢を崩さず其まゝ、右足を左足の上より輕く越えて交叉す。

第六十三圖　ナイハンチ初段（其七）

横行きの時もヤハリナイハンチ立の姿勢を崩さぬやう注意す可し。

凡の呼稱で左足を一歩左へ開くと同時に、右手を前に起し目は正面に復す。

第六十四圖　ナイハンチ初段（其八）

但し拳先は目より見下ろす高さの程度、面と拳との離れ約一尺五寸、脇と肘との離れ凡そ五寸たるべし。

九の呼稱で左手は右肩前より、右手は左肘外側より、同時に引張るが如く、右は上に左は下に、引き放すやうにすべし。

第六十五圖　ナイハンチ初段（其　九）

こゝは敵が突き込んで來る手足を同時に受ける姿勢。

十の呼稱で互に引き放したる手を同時に右手首の上に左手を圖の如く斜めに乘せよこの時左拳先が鼻の向ふに當るやうに止め、型を覺えた後は九、十、をつゞけて成るべく敏速に動作せよ。

第六十六圖　ナイハンチ初段（其十）

こゝは敵の右手を此方の左で内受けをなし、敵右手を引くと同時に左を突くのを此方の右手で受け替へ同時に右拳で向ふの脣を打つ意。

十一の呼稱で其十一の姿勢を崩さずに左側面を見る。

第六十七圖　ナイハンチ初段（其十一）

十二の呼稱で其十二の姿勢のまゝ左足を擧げ第六十八圖の如くせよ。

第六十八圖　ナイハンチ初段（其十二）

敵の蹴込んで來た足を此方の足で受け、返へしに敵の立てゐる片足に踏込まんとする勢。

十三の呼稱で左足を元の位置に復すと同時に、左へ體を捻ちながら手を廻はす。

第六十九圖　ナイハンチ初段（其十三）

但し脚の崩れざるやう注意すべし。

十四の呼稱で其十四の姿勢を崩さず目を右側面に向き替へる。

第七十圖　ナイハンチ初段（其十四）

十五の呼稱で其十五の姿勢のまゝ、右足を圖の如く擧げる。

第七十一圖　ナイハンチ初段（其十五）

十六の呼稱で右足を元に復すと同時に、上體を手と共に右へ廻はし第七十二圖の如くす。

第七十二圖　ナイハンチ初段（其十六）

十七の呼稱で左へ向くと同時に、第七十三圖の如く手を組む。

第七十三圖　ナイハンチ初段（其十七）

十八の呼稱で組みたる手を同時に突き出し、第七十四圖の如くす。

第七十四圖　ナイハンチ初段（其十八）

但し右手は胸部より約五寸位の放れで拳先は左肩の向ひ位まで出せ。

十九の呼稱と共に右手を右脇腹の處に左手を後ろへ廻はすが如く開く。

第七十五圖　ナイハンチ初段（其十九）

二十の呼稱と共に左へ捻體して右猿臂を使ふ。

第七十六圖　ナイハンチ初段（其二十）

但し下體の姿勢を崩さぬやう注意すべし。

二十一の呼稱と共に右へ振り向くと同時に、兩手を左脇腹の處に組む

第七十七圖　ナイハンチ初段（其二十一）

二十二の呼稱で右手を第七十八圖の如く打伸ばす。

第七十八圖　ナイハンチ初段（其二十二）

二十三の呼稱で右手を捻ち上げると同時に左手を突出す。

第七十九圖　ナイハンチ初段（其二十三）

但し腕と胸部との間は凡そ五寸位の離れたるべし。

第八十圖　ナイハンチ初段（其二十四）

二十四の呼稱で七十九圖の姿勢を崩さず、左足を右足の上に輕く越し交叉す。

二十五の呼稱で右足を一歩右へ踏み出すと同時に、左手を起し、（拳は身體より約一尺程離る）圖の如く内受けをなす。

第八十一圖　ナイハンチ初段（其二十五）

二十六の呼稱で左手を左肩の前より、右手を左肘の外側より、同時に引張る心持で引放し、圖の如くす。

第八十二圖　ナイハンチ初段（其二十六）

二十七の呼稱で上下の手を同時に胸部前に構へること圖の如くす。

第八十三圖　ナイハンチ初段（其二十七）

この時右拳先は自己の鼻の向ふに、目より見下ろす位置におけ。

二十八の呼稱で八十三圖の姿勢のまま、右向きをなす。

第八十四圖　ナイハンチ初段　（其二十八）

二十九の呼稱で第八十四圖の姿勢を崩さず其まゝ右足を擧げる。

第八十五圖　ナイハンチ初段（其二十九）

三十の呼稱で足を元に復すと同時に上體を手と共に右へ廻はし圖の如くす。

第八十六圖　ナイハンチ初段（其三十）

三十一の呼稱で八十六圖の姿勢を崩さず左向きをなす。

第八十七圖　ナイハンチ初段（其三十一）

三十二の呼稱で八十七圖の姿勢のまゝ、八十八圖の如く左足を擧げる。

第八十八圖　ナイハンチ初段（其三十二）

三十三の呼稱で擧げたる足を元の位置に復すと同時に體を左へ廻はして圖の如くす。

第八十九圖　ナイハンチ初段（其三十三）

三十四の呼稱で體を正面へ復すと同時に、右向きをなす。

第九十圖　ナイハンチ初段　（其三十四）

但し手は左脇腹へ圖の如く右上に重ね合す。

三十五の呼稱で九十圖の姿勢より兩手を同時に突出す。

第九十一圖　ナイハンチ初段（其三十五）

（此時左手と胸部との間隔は凡そ五寸程たるべし）

三十六の呼稱で手と足を同時に引き、暫らく右を見詰めてから顔を正面に復す。

ナイハンチ初段（終り）

第九十二圖　ナイハンチ初段　（其三十六）

團體練習の場合は終了後一禮解散。

注意。初稽古者の爲に委しい圖を出したので三十六擧動になつてゐるが、其實は三十二擧動に過ぎない。そこで型を覺えた後は三十六から四減して三十二擧動となす。

省略す可き呼稱。

十二、十五。

廿九、卅三。

第四、公相君（少林流）

全部にて六十擧動、熟練すれば約二分間にて終了す
一動作ごとに番號を呼び、十唱法により繰返す

第九十三圖　公相君用意の（姿勢）

用意にて八字立となり（足尖の廣さ約一尺四五寸）開方は手を組むと同時に左より一二と開く（團體練習の場合は體操の時の如く大間隔に開くべし）

初め一の呼稱と共に兩手を靜かに面部より少しく上に止め、手の穴より天を眺むるが如き姿勢を取る。

第九十四圖　公相君（其一）

但し兩肘を張り額より少し上に約七八寸程放す。

二の呼稱と共に成るべく丸く兩手を靜かに側面より下ろし圖の如く右手を上に組む。

第九十五圖　公相君　（其二）

俗に是を月の丸と稱し、武具を持たぬと云ふことを示したのである。

三の呼称と共に左側に第九十六圖の如き姿勢を取る、この時足の立方は後屈の姿勢で丁度形をなす。

第九十六圖　公　相　君　（其　三）

この手は左側面より急に敵現はれ不意に突込んで來たのを左手で受け、右手は攻撃準備をなす處である。

四の呼稱で左構へより急に右構へに變じ第九十七圖の如き姿勢を取る。

第九十七圖　公相君（其四）

但し立方は後屈姿勢。ヤハリ側面受けの姿勢である。

五の呼稱で體を正面に復し、兩手を第九十八圖の如く右脇に組む。

第九十八圖　公相君（其五）

六の呼稱と共に左手を左肩の向ふに伸ばし圖の如く相手の手に掛けつかまへんとする姿勢を取る。

第九十九圖　公相君（其六）

七の呼稱と共に左手を引くと同時に右手を突出す。當ての極まる時はウント丹田に力を入れる。

第百圖　公相君（其七）

この種の手はどこでもつかまへたら引くと同時に突くので敵の力を利用して二倍の力で當る譯だ。

八の呼稱と共に突出したる右手を伸ばしながら下より左へ廻はし、内受けをなす手の極まる時は成るべく肩を前に第百一圖の如くせよ。

第百一圖　公相君（其八）

この時足の立方は左屈、右伸。

九の呼稱で左手を突くと同時に右手を引付き體を元の姿勢に復す。

第百二圖　公相君（其九）

十の呼稱で左手を下より右へ廻はし半月を描くが如くに內受けをなす。

第百三圖　公相君（其十）

但立方は右屈、左伸。百二圖と百三圖は全く正反對の姿勢を取る。

十一の呼稱で兩手を左脇腹に組み右足を左膝頭の上に擧げると同時に圖の如く右後ろに向く。

第百四圖　公相君（其十一）

ピンアン初段第三十四圖と全くの姿勢である。

十二の呼稱　第百四圖の如く左膝頭の上に擧げた左足を蹴放すと同時に右手を突出す。

第百五圖　公相君（其十二）

十二もピンアン初段第三十五圖と同一の姿勢である。

十三の呼稱と共に蹴放したる足を其場に下ろし左後ろへ振り向くと同時に第百六圖の如き姿勢を取る。

第百六圖　公相君（其十三）

但し立方は後屈姿勢。

十四の呼稱と共に右足を一步前進しながら右受の構へに變ず。

第百七圖　公相君　（其十四）

十五の呼稱で又右受の構へより左受の構へに變じ十三の構へと全く同じ姿勢を取る。

第百八圖　公相君（其十五）

注意。百六圖、百七圖、百八圖は左と右の相違のみで同じ姿勢たるを忘るな。

十六の呼稱で右足を一歩前進すると同時に右手で貫き倒すやうな勢で突く、俗に是を・・貫手と名づく。

第百九圖　公相君（其十六）

この時足は足は何れにも偏せず突張り立をなす。

十七の呼稱と共に十六の位置で左へ回轉すると同時に、右手を伸ばし額の前より右へ廻はして第百十圖の如き姿勢を取る。

第百十圖　公相君（其十七）

但しこの時左手は右手を追はして共に廻はすことを忘るな。これは右手で敵の手を掬ひ受けて摑み蹴らんとする勢。

十八の呼稱で右手の先を成るべく高く蹴放す。

第百十一圖　公相君（其十八）

但しこれは敵の突込んだ手をつまへて蹴放すと云ふ意で、實は此處に足を止めるところではない。

十九の呼稱で蹴上げた足を其場に下ろすと同時に後ろに振り向き後屈の姿勢で右手を下に伸ばし左手を上にして、右肩前より互に引張るやうに第百十二圖の如き姿勢を取る。

第百十二圖　公相君（其十九）

二十の呼稱と共に右手を下に左手を右肩前に擧げて交叉す。

第百三十圖　公相君　(其ノ二十)

但し下體は第百十三圖に同じ。

二十一の呼稱と共に前に出したる足を少しく引き締めると同時に左手を後ろに突き出すやうに伸す。

第百四十圖　公相君　（其二十一）

二十二の呼稱と共に右手で額前より右へ半圓を描くが如く廻はし、左手は右手を追はし右手が正面眞直に極まる時左手額上に極まる。

第百五十圖　公相君　（其二十二）

二十三の呼稱と共に右手先の邊を右足で蹴放すこと第百十六圖に同じ。

第百十六圖　公相君（其二十三）

二十四の呼稱で蹴放したる足を其場に下ろすと同時に後ろへ振り向き體を右足に支へて交叉し、左手を圖の如く引き放す。

第百七十圖　公相君　（其二十四）

二十五の呼稱で右の手を下に打込むと同時に左の手を左肩の前に持つて來る。

第百八十圖　公相君（其二十五）

二十六の呼稱で左足を少し右足に引付けると同時に左手を眞直に徐ろに突出す。

第百十九圖　公相君（其二十六）

二十七の呼稱で右脇腹に（左手上）兩手を組むと同時に左足を擧げ左側面を見る。

第百二十圖　公相君　（其二十七）

二十八の呼稱で左手を左側面に突出すと同時に左足を同方向へ蹴放す。

第百二十一圖　公相君（其二十八）

二十九の呼稱で蹴放したる足を其場に下ろすと同時に直くに右足を少しく引摺り進めて右猿臂を使ふこの時右手は握りたるまゝ左手は指を伸ばして右手の上に重ぬ。此處

第百二十二圖　公相君　（其二十九）

はナイハンチ初段第五十九圖の所と同一意義である。

三十の呼稱で兩手を左脇腹(右手上)に組むと同時に體を眞直に直ほし急に右側面を見る。

第百三十二圖　公相君　(其三十)

三十一の呼稱で三十の姿勢のまゝ右足を左膝頭に輕く觸れ、將に右方へ蹴放ささんとするの姿勢を取る。

第百二十四圖　公相君（其三十一）

三十二の呼稱で右手右足を同時に右へ蹴放す。

第百二十五圖　公相君　(其三十二)

三十二の呼称で蹴放すや否や其足を其場に下ろし、左足を少しく引摺りながら左猿臂を使ふ。但しこの時左手は握り右手は指を伸ばす。

第百二十六圖　公相君（其三十三）

第百二十七圖　公相君（其三十四）

三十四の呼稱で早速右足を樞に左へ廻はり、第百二十七圖の如く左受けの姿勢を取る。

第百二十八圖　公相君（其三十五）

三十五の呼稱で右足を一歩左斜へ前進すると同時に右受の構へをなす。

三十六の呼稱で第百二十八圖の姿勢のまゝ左足を樞にして、四分の一だけ後ろへ方向を轉じ圖の如き姿勢を取る。

第百二十九圖　公相君　（其三十六）

三十七の呼稱で第百二十九圖の姿勢を崩さず其まゝ、左足を樞として四分一だけ前に方向を轉じ左受けの姿勢を取る。

第百三十圖　公相君　（其三十七）

第百三十一圖　公相君　（其三十八）

三十八の呼稱で左の足を演武線二線上に摺り直ほすと同時に、右手を額面上より右へ半圓を描くが如く前に廻はして伸ばす、この時左手も一緒に追はして動作を共にす。

三十九の呼稱で右手先を右足で成るべく高く蹴放す。

第百三十二圖　公相君（其三十九）

但し敵方より上段で突込んで來る手を此方の右手でかつみ引くが如く蹴放す意である。

三十九の呼稱で一歩前に飛込むと共に左手を前より脇腹に引くと同時に右手正面より縦に半圓を描くが如く前に打伸ばす（手甲下向）俗にこれを裏手と名づく。

第百三十三圖　公相君（其四十）

この時左足を引摺り右足後に圖の如く輕く引き付ける。

四十一の呼稱で右手を下に引きながら左前より半圓を描いて圖の如く受ける、この時兩足は少し後へスザリ前屈の姿勢を取る。

第百三十四圖　公相君（其四十一）

四十二の呼称で四十一の如く受けると同時に直ぐに左手で突き込む。

第百三十五圖　公　相　君　(其四十二)

但しこの時立方前屈姿勢。

四十三の呼稱で左手を引くと同時に右手で突込む。

第百三十六圖　公相君　（其四十三）

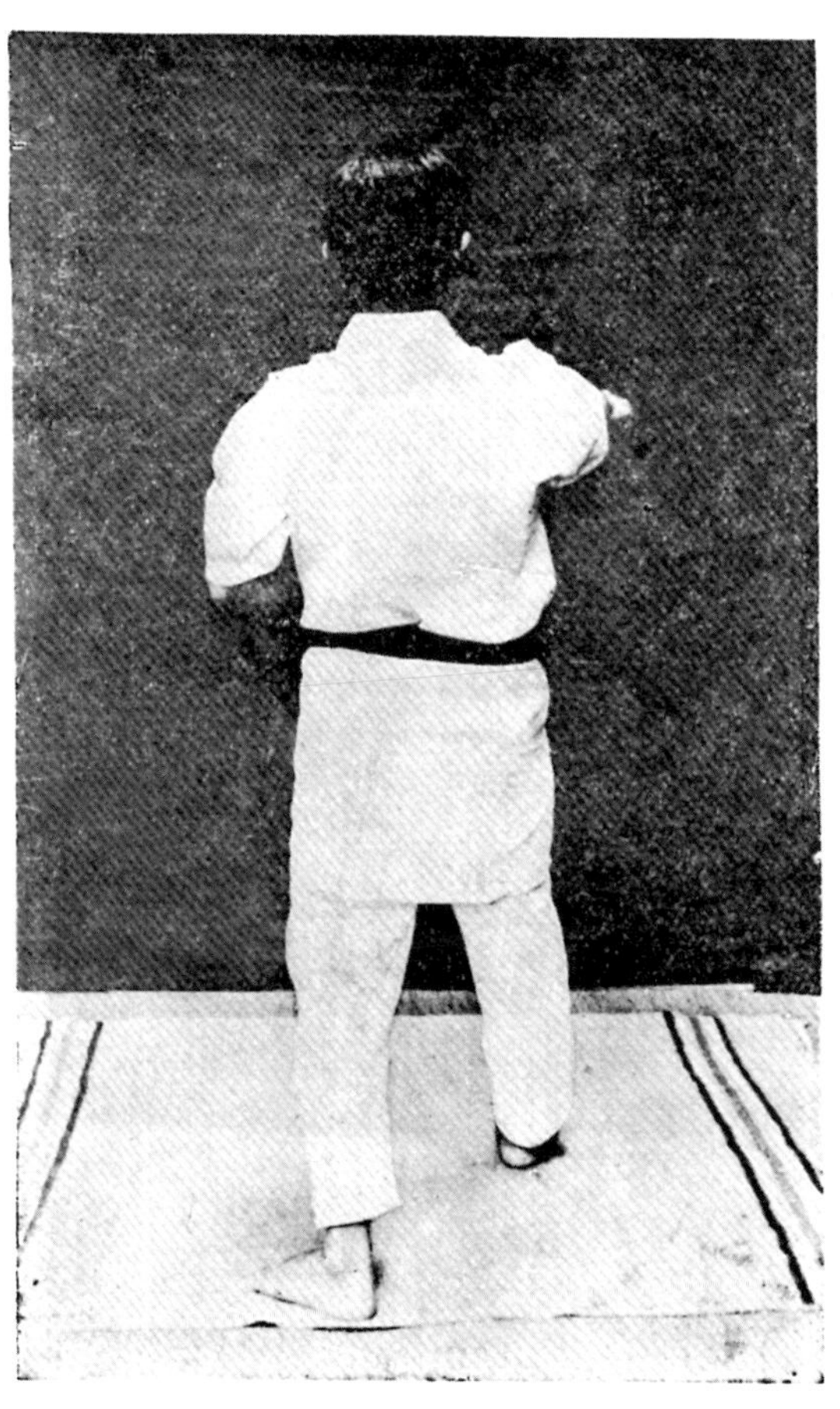

注意・第百三十五圖と第百三十六圖はつゞけて突くことを忘るな。

四十四の呼稱で左足を樞に二分の一、左廻轉をなすと同時に（右脚を屈げて上ぐ）左掌で輕く膝頭を撫で上げ右腕に圖の如く附す。

第百三十七圖　公相君（其四十四）

但し左手で引寄せ右膝頭にブチ打つ意である。

四十五の呼稱で四十四の姿勢より直に倒るゝが如く兩掌を以て地に支へ後を見詰める但しこの時右足を屈げ左足を伸ばす。

第百三十八圖　公相君　（其四十五）

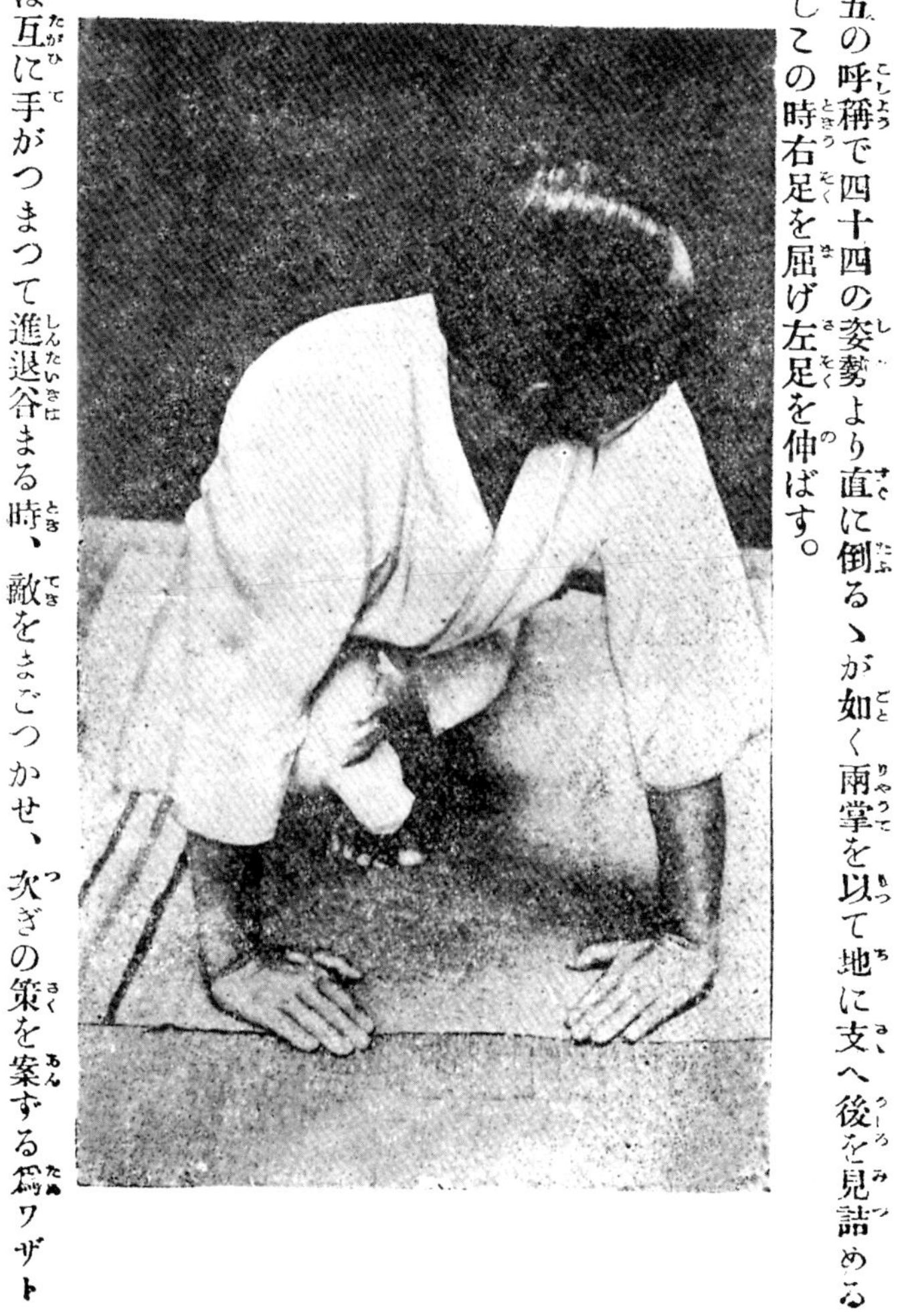

これは互に手がつまつて進退谷まる時、敵をまごつかせ、次ぎの策を案ずる爲ワザト倒れるのである。

四十六の呼稱で直に飛び起き左後へ振り向と同時に第百三十九圖の如き姿勢を取る。

第百三十九圖　公相君（其四十六）

但しこの時左足は第百三十八圖のまゝ。

敵は倒れに乘じて蹴込んで來た足を受けた勢。

四十七の呼稱で四十六の姿勢より右足一歩前に踏み出し第百四十圖の如く右構へをなす。

第百四十圖　公相君（其四十七）

四十八の呼稱で四十七の姿勢より直ぐに右足を樞に二分の一の左廻轉をなし左受けの姿勢を取る。

第百四十一圖　公相君（其四十八）

四十九の呼稱で左手を引くと同時に右手を突き出す。

第百四十二圖　公相君　(其四十九)

立方、前屈姿勢。

五十の呼稱で左足を樞に直ぐに右へ振り向くと同時に左右一歩前進圖の如く右構へをなす。

第百四十三圖　公相君　（其五十）

立方、前屈姿勢。

五十一の呼称で右手を引くと同時に左手を突き出す。

第百四十四圖　公相君（其五十一）

左で受けて右で突き、右で受けて左で突く。

五十二の呼稱で左手を引くと同時に右手を突き出す。

第百四十五圖　公　相　君　（其五十二）

但し五十一の呼稱で左を突くと同時に右連突するものと知るべし。

五十三の呼稱でつゞき突きをしたら急に右後ろへ振り向き圖の如く手を組み足を擧ぐ

第百四十六圖　公　相　君　（其五十三）

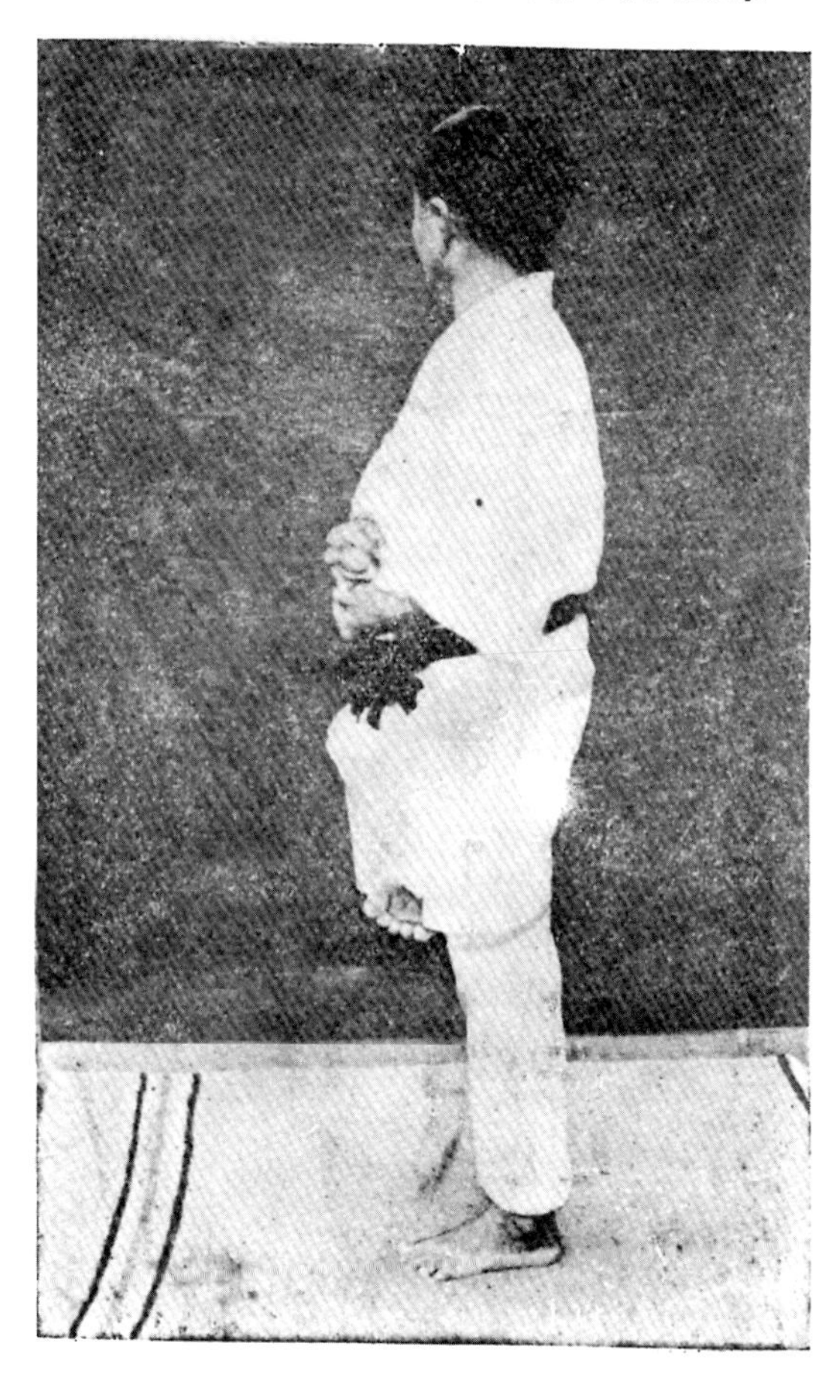

五十四の呼稱で五十三で手を組み足を擧げて準備したのを共に圖の如く蹴放す。

第百四十七圖　公相君　（其五十四）

五十五の呼稱で第百四十八圖の如く蹴つたら直ぐに其場に足を下ろし後ろへ振り向き左構への姿勢を取る。

第百四十八圖　公相君（其五十五）

五十六の呼稱で右手を左手の上より貫き通すが如き勢を以て右足と共に突き込む。

第百四十九圖　公相君（其五十六）

ピンアン初段の貫手と全く同一意義である。

五十七の呼稱で五十六で突き込んだ手を右へかへすが如く、體と共に捻ぢ反へらんとする姿勢を取る。

第百五十圖　公相君（其五十七）

手を捻ぢらるゝ時捻ぢらるる方向に廻はり、左手を以て廻ぐり打つ。

五十八の呼稱で右へ廻はりながら右手を引くと同時に左手を頭上より半圓を描いて前に打伸ばす。

第百五十一圖　公　相　君　（其五十八）

五十九の呼稱で五十八の姿勢のまゝ左手を正面より縦に半圓を描きながら（手の甲を下に）前に打伸ばす、この時兩足を同時に一歩前に摺り寄す、これを寄足と云ひ、又

第百五十二圖　公相君（其五十九）

この種の手を裏手と名づく。

第百五十三圖　公相君　（其六十）

六十の呼稱で右足を少し前に引摺り進めると同時に右猿臂を使ふ。

六十一の呼稱で右後ろへ身をかはし圖の如く右手を以て下段へ打込む。

第百五十四圖　公相君　(其六十一)

但し前屈姿勢。

六十二の呼稱で左足を一歩右側へ踏込むと同時に、左手を打込み右手を上げる。

第百五十五圖　公相君　（其六十二）

但し左右手の動作は同時たりと知るべし。

六十三の呼稱で右手を左手下に打込み両手を下段に交叉すること第百五十六圖の如し

第百五十六圖　公相君（其六十三）

六十四の呼稱で下に組みたる手を其まゝ上に上げ、指を伸ばして圖の如き姿勢を取る。

第百五十七圖　公相君（其六十四）

六十五の呼稱で六十四の姿勢を崩さず其まゝ、右足を軸に右二分の一廻轉をなす。

第百五十八圖　公相君　（其六十五）

六十六の呼稱で六十五の姿勢のまゝ兩手を握り正面中段に引き下ぐ。

第百五十九圖　公相君（其六十六）

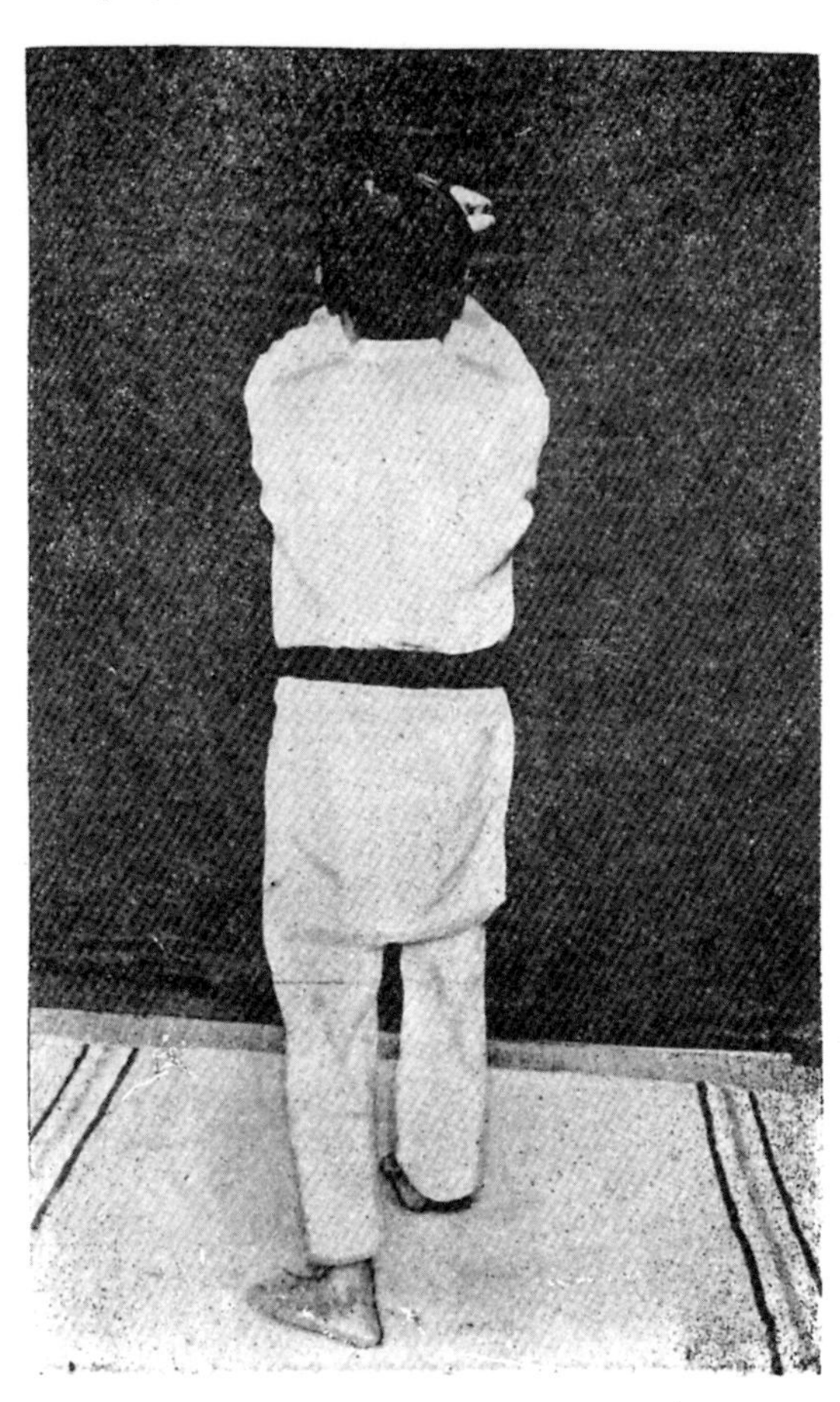

注意　型を良く覺えた後は、六十七、六十八を同時に蹴放す、俗に是を飛蹴と名づく。

六十七の呼稱で六十六の姿勢のまゝ左足を以て成るべく高く蹴り上ぐ。

第百六十圖　公相君　（其六十七）

六十八の呼稱で六十七の姿勢のまゝ、右足を以て成るべく高く蹴り上ぐ。

第百六十一圖　公相君　（其六十八）

六十九の呼稱で兩足が地に着くと同時に、左手を以て正面なる物を摑まへて引くが如

第百六十二圖　公相君（其六十九）

く、それと同時に、右手を以て胸を輕く撫でるやうにして上に廻はし、裏手を打込む

七十の呼稱で右手を少し右後ろへ引き廻はすと同時に、右足を樞に左足を輕く擧げて右へ一回轉をなす。

第百六十三圖　公相君　（其七十）

右手に敵の足を掛け成るべく下より體を屈めて後へ一回轉をしながら捨てる心持。

七十の呼稱で右へ廻りながら元の姿勢に復す（終り）

第百六十四圖　公相君（其七十一）

團體練習の場合は此處で止めの號令を掛け、直れ、一禮して解散。

注意・
初稽古者の爲に委しい圖を出したので七十一動作になつてゐるが、其實六十擧動に過ぎない。
そこで型を覺えた後は七十一から十一減じて六十擧動と做す。
番號省略す可きもの五、十一、廿七、三十一、四十四、五十三、五十七、六十五、六十七六十八、七十である。

第五、ピンアン二段（少林流）

全部にて二十一擧動一動作毎に數を呼び一より十迄を繰返す約二分にて全運動を了る。

第百六十五圖　ピンアン二段（其一）

閉足姿勢で用意にて、拳を握りながら八字立をなす（爪先の間凡一尺五寸）

初め（一）演武線第一線上に左へ第百六十六圖の如き姿勢を取る。（二）右足一歩前進すると同時に右手突込む。（三）後ろへ振向くと同時に同一線上の右へ第百六十六圖の

第百六十六圖　ピンアン二段（其二）

反對姿勢を取る。（四）右手右足を自分の前に引き寄するが如く體を伸ばし額面上より

半圓を描いて肩と水平線上に（手の甲後向）打止む。（五）右手を引くと同時に左手左足共に突込む。「（二）の反對」（六）演武線第二線上に左足を移すと同時に第百六十五圖

第百六十七圖　ピンアン二段（其三）

の姿勢を取る。（七）同一線上に右足一歩前進すると同時に右構へ上段受の姿勢を取る

(第百六十六圖參照)(八)同一線上に左足一歩前進すると同時に左上段受の姿勢を取る。(第百六十六圖)の反對(九)同一線上に右足一歩前進すると同時に(第百六十六圖)の姿勢を取る。(一〇)右足を樞として左後ろへ廻はると同時に第三演武線上に第百六十五圖の姿勢を取る。(一一)同一線上で右手右足共に突込む。(一二)右後へ同一線上に右足を移すと同時に(第百六十五圖)の反對姿勢を取る。(一三)同一線上で左手左足共に突込む。(一二)の友對。(一四)第二演武線上に戻り左足を移して(第百六十五圖)の姿勢を取る。(一五)同一線上で右手右足共に突込む。(一六)同一線上で左手左足共に突込む。(一七)同一線上で右手右足共に突込む。(一八)右足を樞として左足を第一線上で左へ(第百六十七圖)の姿勢を取る。(一九)左足を樞として右足一歩斜に前進すると同時に(第百六十七圖の)反對姿勢を取る。(二〇)(一九)の姿勢を崩さず其まゝ左足を樞として右足を同一線上に移す。(二一)左足を左斜に前進すると同時に(第百六十七圖の)姿勢を取る。止めの號令で左手左足を同時に元に復す。

第六、ピンアン三段（少林流）

全部にて廿四擧動、一動作毎に數を呼び一より十迄を繰返す約二分にて了る。

第百六十八圖　ピンアン三段（其一）

用意の動作すべて前掲の二段と同じ。

初め（一）第一線上の左へ（第百六十九圖）の如き姿勢を取る。（二）右足を左足に引付け閉足姿勢を取ると同時に右中段受け左下段拂ひをなす。（三）其位置で左と受け替

第百六十九圖　ピンアン三段（其二）

へる。（四）右足を一歩あとへ戻すと同時に右中段受けの姿勢を取る（第百六十八圖）」

の反對）（五）左足を右足に引付けると同時に左中段受右下段を拂ふ。（二）の反對。（六）又右と受け替へる。（三）の反對（七）右足を樞として第二線上に左足を移すと同時に

第百七十圖　ピンアン三段（其三）

（第百六十九圖）の姿勢を取る。（八）同一線上に左手の上より（指を伸ばして）右手

を差込むと同時に右足一歩前進す。（ピンアン初段第三十九圖參照）。（九）同一線上で左後ろへ廻はり左足を一歩進めると同時に左手を打伸ばし右手を右脇腹に引く。

第百七十一圖　ピンアン三段（其四）

（一〇）同一線上で右手右足突込む。（一一）右足を樞として二分の一左回轉すると同

時に兩足を揃へ兩手を握つたまゝ兩脇に取り肘を張る。(一二)第二線上で(一一)の姿勢のまゝ右足を一歩進めると同時に右猿臂を仕ふ。(第百七十圖參照)。(一三)其姿勢のまゝ右裏手を打込む。(一四)右手を元の位置に戻す。(一五)其姿勢のまゝ同一線上で左足を一歩進めると同時に左猿臂を仕ふ。(一六)其姿勢のまゝ左裏手を打込む。(一七)左手を元の位置に戻す。(一八)は(十二)に同じ。(一九)は(十三)に同じ。(二〇)は(十四に)同じ。(二一)は同一線上で左手左足共に突込む。(二二)右足を左足に並行す。(八字立)。(二三)右足を軸として同一線上で左へ廻はると同時に右手左肩の上より左肘後ろへ共に突く(第百七十一圖參照)。(二四)右へ寄足すると同時に今の反對動作をなす。

第七、ピンアン四段（少林流）

全部にて廿七擧動、一動作毎に數を呼び一より十迄を繰返す、約二分にて了る。

第百七十二圖　ピンアン四段（其一）

用意の動作すべて前掲の二段と同じ。

初め(一)第一線上で左へ兩手を同時に上げて(第百七十三圖)の如き姿勢を取る。(二)其まゝ兩手を半ば下ろすと同時に再び右へ上げ(一)の反對姿勢を取る。(三)右足

第百七十三圖　ピンアン四段(其　二)

を樞さして第二線上に左足を移すと同時に前屈姿勢を取り兩手を握りたるまゝ(右上)

左膝頭の上に交叉す。

（第百七十三圖參照）。（四）同一線上で右足を一歩前進すると同時に右受けの姿勢を取る。（ピンアン三段第百六十九圖の反對。（五）左足を右足に引付けると同時に兩手を右脇腹に取り（左手上）左側面を見る。（六）左手左足共に蹴放す。（七）右足を少し引摺り寄せ右猿臂を仕ふ。（八）兩手を（右手上）左脇腹に取ると同時に右足を左足に引付け右側面を見る。（九）右手足右を同時に蹴放す。（一〇）左足を少し前に引寄ると同時に左猿臂を仕ふ。（一一）第二線上に跨り八字立となり（指を伸ばしたまゝ）右手を額前より右へ廻はし前に打伸ばす（この時左手は右手につれ動作し右手極まる時右手逆に額上に極まる）（公相君（第百十五圖參照）（一二）其まゝ右足で右手の先を蹴放し一歩前に飛込み同時に足を屈めて右足で體を支へ左足を右足趾に引付け左手を脇腹に引く右手を額前より廻はして裏手を打込む（公相君百三十三圖參照）（一三）右足を樞として左後ろへ振向くと同時に兩手中段の構へ（一旦右手上に）交叉するや兩手で物を搔き分くるが如く肩の幅を保つ。（一四）其の姿勢のまゝ右足で成る可く高く蹴放す。

（一五）右突き。（一六）左突き。（一七）其まゝ右足を右斜に轉じながら一旦兩手右手上）に交叉し互に引張るやうに肩の幅を保つ。（一八）其のまゝ左足で成る可く高く蹴

第百七十四圖　ピンアン四段（其　三）

放す。（一九）左突き。（二〇）右突き「十八、十九、廿は十四、十五、十六の反對」。

(二一)第二線上で左手左足前にして左中段受けの構へをなす(右手左肘を追はす)此時(兩手共手の甲下)(二二)同一線上で右手右足前。「(廿一)の反對」。(二三)は廿一に同じ。(二四)右足を前に進めると同時に同膝頭を擧げ兩手で掴みたる物を引下ろしてこの膝頭に打付く心持(第百七十四圖參照。)(二五)右足を其場に下ろすと同時に左後ろへ向き左手左足を前にして中段受けをなす。(ピンアン初段第三十八圖參照)。(二六)右手右足を前にして中段受けをなす(第廿五の反對)。止め右手右足を引き元の姿勢に復す。

第八、ピンアン五段（少林流）

全部にて廿三擧動、一動作毎に數を呼び一より十迄を繰返す、約二分にて了る。

第百七十五圖　ピンアン五段（其一）

用意の姿勢は前掲の二、三、四段と同じ。

第百七十六圖　ピンアン五段（其二）

初め（一）第一線上左へ左内受けの構へをなす（ピンアン三段第一八六圖參照）。（二）其場で左手引くと同時に右手突く。（三）右足を左足に引付けると同時に右手脇腹に左手左肩の向ひまで（手の甲上へ）突出す。手と胸部のはなれ約五寸）（ナイハンチ初段第七十九圖參照)。(閉足)(四)同一線上で右受けの構へをなす「(一)の反對」(五)其場で右手引きつくと同時に左手突く。(六)左足を右足に引付くと同時に左手を引き

第百七十七圖　ピンアン五段(其三)

右手を突く(三)の反對。(ナイハンチ初段第六十圖參照。)(閉足)(七)第二線上で右手

右足前にして右受けの姿勢を取る。但し後屈姿勢（ピンアン初段第三九圖の反對）（但此時左手の肘を追はす）。（八）同一線上で左足一歩前進すると同時に兩手を握りたるま

第百七十八圖　ピンアン五段（其四）

歩左へ進めると同時に兩肘を其場に立て徐に左へ廻はしながら左受けの姿勢を取る。（第百八十圖の反對）（七）左手を（手の甲下）前に打伸ばすと同時に右手で支へるこ

第百八十二圖　ナイハンチ二段（其四）

（三）の如し。（この時右足は左足の上に交叉す）。（八）左足を左へ一歩進めると同時に

右斜に倒し後方へ向く。）（二二）其まゝ左足を元の姿勢に戻し身をかはして（二一）の反對動作をなす。（この時は體を左斜に倒す）。止め手と足を元の姿勢に復す。

第九、ナイハンチ二段（昭霊流）

全部にて二十六挙動、一挙動ごとに数を呼び一より十迄を繰返す。
全部にて約二分にて了る。

第百七十九圖　ナイハンチ二段（其一）

閉足姿勢にて立ち用意にて拳を握りながら八字立の開脚姿勢を取る。

初め（一）兩肘を張り胸部に上げると同時に左足を右足より輕く越して交叉し右側を見る。（第百九十九圖參照）。（二）右足を一歩左へ進めると同時に兩手を其まゝ立て斜

第百八十圖　ナイハンチ二段（其二）

に前に倒す（第百八十圖參照）。（三）右手を握つたまゝ前に（手の甲下）打伸ばすと

同時に（左手四指を揃へ拇指下）右腕を輕く支へ足を交叉して右側を見る。（四）右足を一歩右へ進めると同時に右手を右へ押す。（五）左足を右足に引付けると同時に第百

第百八十一圖　ナイハンチ二段（其三）

七十九圖の如く兩肘を張り（この時兩足を伸ばし）左側面を見詰める。（六）左足を一

ま左膝頭の上に（右手上）交叉す（ピンアン四段第百七十三圖參照）。（九）其まゝ兩手を目の高さに上げ指を伸ばす第百七十五圖參照）（一〇）其場で兩手を放さず右へ繰

（但左手首右手首の上に横はる）

（一一）右手を引くと同時に左手を突き伸ばす。（一二）左手を引くと同時に右手右足突込む。（一三）同一線上で右手右足左後ろへ戻し左手脇腹に引くと同時に右手下段へ打込む。（一四）右手脇腹に取ると同時に左手左へ指を揃へて伸ばす。（一五）右足で横から三日月形に廻はして左手の掌を蹴る。（一六）蹴つた足の地に着くと同時に右猿臂を仕ふ。（一七）右手を起すと同時に左足を甲が右足の踵に觸れる位に輕く寄引す（この時左拳は右肘に附す）。（一八）其まゝ兩手を右の上斜に伸べる丈伸ばすと同時に左足を前に伸ばす。第百七十七圖參照）。（一九）同一線上で右足を先にして飛べる丈高く廣く飛んで（第百七十八圖）の如き姿勢を取る。（この時體は主に右足で支ふ。）（二〇）右足を一歩右へ出すと同時に（ピンアン初段第五十圖）の如き姿勢を取る。二一）其立方で右手下に左手右肩の前に一旦交叉してから互に引張る。（但しこの時體を

左手を左へ押す。(九)右へ振り向くと同時に手を握りたるまゝ左脇腹に右手を左掌に當てる。(一〇)其位置で右手を右側へ押立てると同時に右を見る。(第百八十一圖參照。)(一一)右足を擧げると同時に右脇腹に兩手を流し〳〵左掌に右拳を輕く當て足を下ろすと同時に右猿臂を仕ふ。(第百八十二圖參照。)(一二)右手で右側面の手を摑まんとする姿勢を取ると同時に左手は引張るやうに左脇腹に取る。(この時の手の形は拇指と四指を放し右側面に向け肩の高さを保つ)。(一三)右手を右脇腹に取ると同時に左手を右肩の向ひまで突出す。(ナイハンチ初段第七十九圖參照)。(一四)上體其姿勢のまゝ左足右足を越し交叉す。(一五)右足を一步右へ進めると同時に左手を起す(ナイハンチ初段第八十一圖參照)。(一六)下體其まゝ左手左肩の前右手左肘外側より互に引張る心持で受ける(同初段第八十二圖參照。(一七)兩手を同時に胸部前に左手の上に右手を載せる。同初段第八十三圖參照)。(一八)兩手を同時に右脇部に(左拳を右掌に當て)組む。(一九)左肘を左側に押立てる第百八十一圖の反對)。(二〇)左足を擧げると同時に兩手を左脇腹に取り足を下ろすと同時に猿臂を仕ふ。第百八十二圖の反對）。（二一）左手で左側面の手を摑まんとする姿勢を取ると同時に右手拳のまゝ互に引張るやうに右脇腹に取る。「（十二）の反對」。（二二）左手を脇腹に引付けると同時に右手を左肩の向ひまで突出す（同初段第六十二圖參照）。（二三）上體其姿勢のまゝ右足を左足より越し交叉す。（同初段第六十三圖參照）。（二四）左足を一歩左へ踏込むと同時に右手を起して受ける。（同初段第六十四圖參照）。（二五）右手左肩前左手右肘前より互に引張るやうに受ける（同初段第六十五圖參照）（二六）兩手を互に中段に引寄せ右手の上に左手を載せる。（同初段第六十六圖參照）。止め元の姿勢に復す。一禮の後解散。

第十、ナイハンチ三段（昭靈流）

全部にて三十五擧動、一擧動ごとに數を呼び一より十迄を繰返す、全部にて普通約二分にて了る。

第百八十三圖　ナイハンチ三段（其一）

用意の姿勢は前掲の二段と同じ。

初め（一）右足を右へ一歩開くと同時に左手で受け右手は脇腹に取る。（第百八十三圖の如し）。（二）右手と受けかへ左手下段を拂ふ。（三）左手首の上に右手を載せ左横へ

第百八十四圖　ナイハンチ三段（其二）

倒す。（四）右手を右へ受ける。（五）右手を其まゝ中央に打込む（但し左右中央を受け

る。)

(六)右手を引くと同時に左手で右の手首を緩く上から摑む。(七)右手突き出すと同時に左手は右肘の處に流す。(八)右を見ると同時に右手を右へかへす。(九)其姿勢のまゝ左足は右足を起して交叉す。(一〇)左手で右手を右側へ押し拔ふ。(一一)直ぐに右手を左へかへし圓を描いて後へ振り捨つ。(第百八十四圖は手を廻はさんとする處。)(一二)其まゝ右手を脇腹に取る。(一三)前に突き出す。(一四)其まゝ右手受け左手下を拂ふ。(一五)又左手と受けかへる。(一六)右手首の上に左肘を載すると同時に左側を見る。(一七 右足を左足の上より越し交叉す。(一八)左足を一歩左へ張ると同時に目は正面に復す。(一九)其場で右へ腕を倒す。(二〇)左へ腕を起す。(二一)中央へ打込む。(二二)左肘を引くと同時に左脇腹で右手で緩く摑む。(二三)左手突出すと同時に右手は左肘の前に流す。(二四)左腕を左へ捻ぢ起すと共に左側面を見る其まゝ右足は左足を越し交叉す。(二五)左足を左へ踏出すと同時に左腕を押す。(二六)成るべく低く右前面より圓を描いて後ろへ振り捨つ。 (二七) 左脇腹に緩く右手で左手首を摑む。(二八)左手突くと共に右手左肘前に流す。(二九)右手左肩前に摑まんとする姿勢を取ると同時に左手引張るやうに左脇腹に引く。(三〇)右手を引き寄すると同時に左手を右肩の向ひまで突き出す。(同初段第七十九圖參照)。(三一)其姿勢のまゝ右足より左足を越し交叉す。(三二)右足を一步右へ開くと同時に左手を起す。(同初段第八十一圖參照)。(三三)右手と受けかへる。(三四)兩手を同時に胸部前に引寄せ左手首の上に右手の肘を載す。(同初段第八十三圖參照)。止め元の姿勢に復す。

第十一、セーシャン（昭靈流）

全部にて四十一擧動、一擧動ごとに數を呼び一より十迄を繰返す、全部にて約二分にて了る。

第百八十五圖　セーシャン（其一）

閉足姿勢にて立ち一禮し用意にて拳を握りながら八字立の開脚姿勢を取る。

初め（一）第二線上で左手左足共に右へ廻はし半圓を描くが如くに受ける（手の甲上へ）同時に右手脇腹に取る。（二）左但を引くと同時に右手突出す。（三）同一線上で右手右

第百八十六圖　セーシヤン（其二）

足を廻はし受けること全く「（一）の反對」。（四）右手引くと同時に左手突出す。（五）同

一線上で全く（一）と同じ動作をなす。（六）左手を引くと同時に右手突出す。（七）兩手を胸の前に引き肘を張る（但し一本拳の握り方にて甲を上にす）（第百八十五圖參照）。（八）兩手を肩の幅さに突出す。（九）兩手をひろげ五指を揃へて肩の高さに並行半ば肘を曲げる。（一〇）兩手を其まゝ下ろし伸べる丈伸ばす（但し掌は股に向ける）。（一一）左足を樞として右足一歩前に踏み込むと同時に二分の一回轉をなし第百八十六圖の如くす。（一二）（一一）の姿勢のまゝ右手を左へかへし少しく自分の前に引下ぐる心持（第百八十七圖參照）。（一三）同一線上で右足を一歩前進すると同時に右手左肩の前より左手右肘の外側より互に引張り（第百八十六圖の反對姿勢を取る）。（一四）（一三）の姿勢のまゝ掌をかへす。（一五）同一線上で左足を一歩前進すると同時に（第百八十六圖）の姿勢を取る。（一六）右手を左へかへし（第百八十六圖の如くす。）（一七）左足を樞として右横へ一歩踏出し右受けの姿勢を取る。（公相君第百四十三圖參照）。（一八）右手引くと同時に左手突く（一九）左手引くと同時に右手突く（能く覺えた後は左右つゞけること）（二〇）左へ少し寄足で左受けの構へをなす。公相君第百四十圖参照)。(二一)左を引くと同時に右を突く。(二二)右を引くと同時に左を突く(こゝも右左とつゞけるところ)。(二三)第二線上に右足を移すと同時に少しく寄足で右受

第百八十七圖　セーシャン　(其三)

けの構をなす。(ピンアン初段第五十圖参照)。(二四)右手引くと同時に左手突く。

（二五）左手引くと同時に右手突く（こゝも左右とつゞける所）。（二六）同一線上で兩手を右脇腹に取り左手上後ろへ振り上げると同時に左手左足を成るべく高く廻はすが如

第百八十八圖　セーシャン（其四）

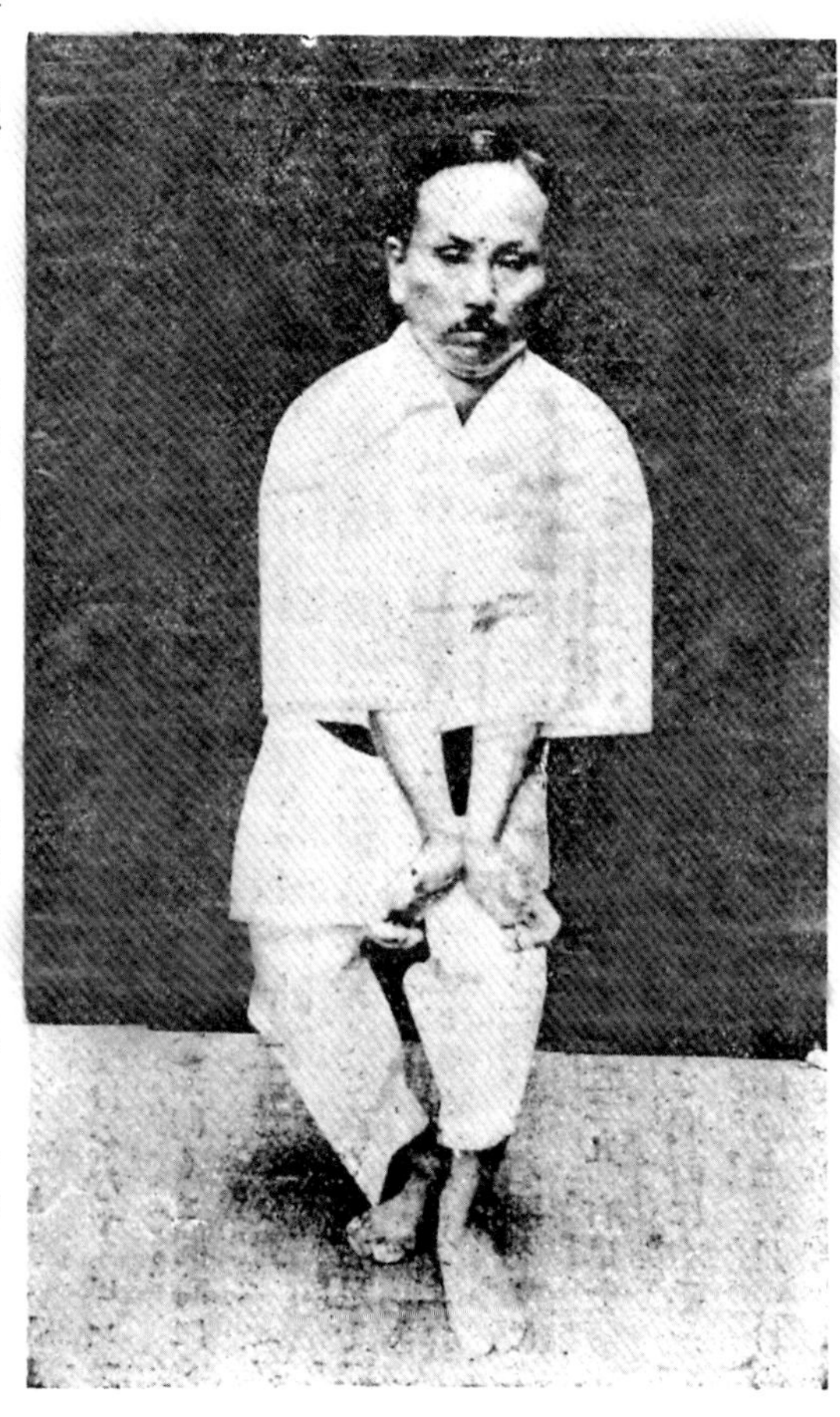

く裏手を打伸ばす（目は手先を見る。）（二七）上體其まゝ崩さず右足をコッソリ左足

越して直き隣りに移す。(二八)右足で左手の先を蹴放す。(二九)左手を肩の前に半ば曲げるや直ぐに手を廻はし手の甲を上にして寄足で突込む。(三〇)早速左手を引くと同時に右手突く。(三一)右手を脇腹に引くと同時に左手上段受けをなす(ピンアン初段第五十四圖の姿勢に前足を屈げるだけの異)。(三二)後ろへ振向くと同時に右手右足を成るべく高く廻はして裏手を打込む(手の位置中段。)同(二五)の反對。(三三)左足をコツソリ右足を越えて直き隣りにおく。(三四)足をおくと直ぐに右足で手の先を蹴放す。(三五)腕を半ば前に曲げる頃直ぐに手の甲を上に廻はし寄足で突込む。(三六)右手を引くと同時に左手を突く。(三七)左手を突くと同時に右手を擧げて上段受けをなす。(三八)後へ振向くと同時に左手左足共に打出す。(三九)右足を横より廻はして左手を蹴る(これを三日月と名づく)。(四〇)右手を引くと同時に右手を突く。(四一)直ぐに足を引いて兩足を屈げ體を右足に支へ兩手を左膝頭の上に足受けの姿勢を取り第百八十八圖の如く止めて元の姿勢に復す)。止めて元の姿勢に復して終る。

第十二、パッサイ（少林流）

全部にて四十三擧動より成る、一擧動毎に數を呼び一より十迄を繰返す約二に分て了る。

第百八十九圖　パッサイ（其一）

閉足姿勢に立ちて一禮す用意にて第百八十九圖の姿勢を取る。
圖は右手を握り左掌に包むが如き心持。

初め（一）右足一歩第二線に飛込むと同時に左足を引付け踵を擧ぐ（此時右手を押立て左手其助けとなる）（第百九十圖參照）。（二）左足を同一線上に戻する同時に後ろへ

第百九十圖　パッサイ（其二）

振向き左手受けの姿勢を取る。（ピンアン三段第百八十六圖參照）。（三）（前屈）右手ご

受けかへる。（四）其位置で右手を脇腹に引くと同時に左手受けの姿勢のまゝ後ろへ振向く。（五）右手と受けかへる。（六）右手受けの姿勢のまゝ次第に屈めながら右足共に後ろへ引き左足と並行するまで戻し手の極まる時足も極まる（七）左手と受け交へる。（八）體を正面に復すと共に兩手を右脇腹に（左手上）組む。（九）左手を前に伸ばす。（一〇）左手を引くと同時に右手を突く（一一）右手を下に伸ばしながら左へ廻はし半ば腕を曲げて右受けの姿勢を取る（公相君第百一圖參照）。（一二）右手を引くと同時に左手を突き足を眞直に伸ばす。（一三）左手で受ける（但（一一）の反對）（公相君第百參圖參照）。（一四）右足を第二線に引摺り直ほすと同時に五指を揃へて右受けの姿勢を取る。（公相君第百七圖參照）。（一五）同一線上に左足一歩前進すると同時に身をかはして左受けの姿勢を取る。（公　相君第百六圖參照）。（一六）同一線上で（一四）に同じ。（一七）右足一歩後へ戻すと同時に右手を後へ引き左受けの姿勢を取る。（一八）足は其まゝ肩を前に出すと同時に左手より右手を前にして相手の手をつかむ心持（第百九十一圖の如し）。（一九）右足を手の高さより踏込むと同時に兩手を胸の前に強く引く但し左手が自分の右乳に觸れる處）。（二〇）其場で後ろへ振り向くと同時に左受けの姿勢を取る。（公相君第百六圖參照）。（二一）同一線上に右足一步前進すると同時に右受け

第百九十一圖　バッサイ　（其三）

の姿勢を取る。（公相君第百七圖參照）。（二二）右足を引き左足に引付けると同時に兩

手上段受けの姿勢を取る（この時兩手を握つたまゝ肘を張り兩手の甲が額に當る所まで持上げる）。（二三）右足一歩前進すると共に兩手で物を引きサクやうな心持で徐に廻はして手甲を下に中段で止める。（二四）其場で左手を引くと同時に右手を突く。（二五）後ろへ振り向くと同時に右膝を屈げ左足を伸ばし右手下左手肩の前より互に引張り直立して左側面を見詰める。但し右腕肩の高さに曲げ左手伸べるだけ下斜に伸ばす。（二六）同一線上で左足の次ぎへ右足を移すと同時に右手を下に打込み左手を脇腹に引く。（二七）指を伸ばしながら左手を左へ伸ばすと同時に右手を脇腹に取り左手の先を見る。（二八）左掌を右足で蹴る。（二九）右猿臂を仕ふ。（三〇）兩手を握り左手起し右手下に引張る心持。（三一）右と受けかへる。（三二）左と受け換へる。（左、右、左と三回）。（三三）兩手を握り脇腹に組む（右手上）。（三四）左右同時に突出す第百九十二圖參照）。（三五）握りたるまゝ右脇腹に取ると同時に右足を左足に引付ける。（左手上）。（三六）左足を一歩前進すると同時に左手下右手上にして同時に突出す（第百九十二圖の反對）。（三七）左足を引くと同時に兩手を（右上）左脇腹に取る。（三八）右足一歩前出すると同時に兩手を突出す（左手上）。（三九）後ろへ廻はり兩足を並行すると同時に左手を脇腹に右受けの姿勢を取る。（公相君第百壹圖參照。）（下段）（四〇）

第百九十二圖　パツサイ（其四）

左受けの姿勢を取る。（公相君第百參圖參照（下段）。（四一）左足を少し引寄せると同時に體を屈め指を伸ばして右受けの姿勢を取る（四二）其まゝ手と足を右へ引くと同時に目は次第に左隅に移す。（四三）左足を少し左斜に出すと同時に左受けの姿勢を取る（ピンアン初段第三十六圖參照）。止め、直れ、元の姿勢に復す。（了り）

第十三、ワンシユウ（昭靈流）

全部にて四十擧動より成る、一擧動毎に數を呼び一より十迄を繰返す、約二分にて了る。

第百九十三圖　ワンシユウ（其一）

用意閉足姿勢右手五指を伸ばし指先を前に向け右拳を掌に當て正面を見る（第百九十三圖の如し）

初め（一）第一線上左へ一歩開くと同時に右足を屈げ右手下左手の掌を輕く曲げて上に向く（第百九十四圖參照）。（二）起き上がると同時に足を伸ばし直立の姿勢を取り

第百九十四圖　ワンシユウ（其二）

左脇腹に（右手上）手を組み右側を見る。（三）右手下を拂ふ。（この時前屈姿勢）。

(四)右手を脇腹に引くと同時に左手を胸の前に突出す（手の甲上）但し中段にて拳先脇の前)。(五)左足を第二線上に一歩進めると同時に前屈姿勢を取り下段を拂ふ。(六)

第百九十五圖　ワンシュウ（其三）

左手を脇腹に引くと同時に右手で前に上げ突きをなす。(七)右足を一歩前進すると同

時に右手を伸ばし摑むが如き姿勢を取る（八）右手を中段に突込むと同時に右手左肩の前に流しやゝ十字形をなす（但しこの時左足を右足の踵につけ輕く擧げる）（第百九十圖參照）。（九）其まゝ右手左足を拔くと同時に右手で下段を拂ふ。（一〇）左後ろへ振向き左手下に伸ばすと同時に右手脇腹に取る。（一一）其まゝ右手上げ突き左手引く（一二）右手右足前に進め摑むが如き姿勢を取る。（一三）右手を左肩の前に流すと同時に左手突込む（但し左足右足踵に掛ける）。（一四）左手左足を後へ拔くと同時に右手下段を拂ふ。（一五）後へ振向き右手を脇腹に取ると同時に左手下段を拂ふ。（一六）左へ四分の一を廻はり左足をおくと同時に（第百九十六圖の如き姿勢を取る。（一七）右手右足を同時に輕く待ち左手に右腕を打ちつけるやうにおく。（第百九十七參照）。（一八）左足を樞として右足を元に戻すと同時に左手右袖を絞るが如く前に伸ばし右手額の前より圓を描いて脇に取る。（一九）左を引くと同時に右手を突く。（二〇）右手を引くと同時に左手を突く。一九、二〇はつゞき突きをする處。）（二一）左手左へ下段を拂ふ。（二二）右手上げ突き同時に左手脇腹に取る。（二三）右手右足前公相君受けをなす（同第百七圖參照）。（二四）左手左足前公相君受けをなす（同第百六圖參照）。（二五）左手引くと同時に右手突く。（二六）右手右足前公相君受（第百七圖の通り）

第百九十六圖　ワンシユウ（其四）

（二七）其場で後へ振り向き前屈姿勢で下段を拂ふ。（二八）左手引くと同時に右手上げ

突き。(二九)右手右足前に出し物を摑まんとするの姿勢を取る。(三〇)左手を突くと同時に左足を右足に引付け右手を左肩前に流し十字形をなす(同第百九十五圖參照)。

第百九十七圖　ワンシユウ　(其五)

(三一)左手左足後に拔くと同時に右手下段を拂ふ。(三二)左手下段を拂ふと共に右手脇

腹に取る。（三三）右手左肩の向ひに五指を輕く曲げ掬受けをなすと同時に左手を脇腹に取る。（三四）第二線に右足を進め今の受け方をなすと同時に左手下を拂ふ。（三五）

第百九十八圖 ワンシユウ （其六）

左足を進めて今の受け方をなす右手下を拂ふ。（三六）右足を進めて今の受け方をなす

左手下を拂ふ。（同技交々三回）。（三七）右手を握りながら下を拂ひ同時に左手引拔くが如く脇腹に引取る。（三八）兩手をひろげ左手額前倒さに右手股の前に物を摑まんとする姿勢で寄足で接近する心持（第百九十八圖參照）。（三九）兩手で敵をつかまへて投げつけるが如く成るべく高く廣く左後ろへ飛び廻はりながら公相君受けの構へをなす（公相君第百七圖參照）。（四〇）右足を後ろへ退き公相君受けの左構へをなす。（公相君第百六圖參照）。止め。元の姿勢に復す。

第十四、チントウ（少林流）

全部にて四十四擧動より成る、擧動毎に數を呼び一より十迄を繰返す、約二分にて了る。

第百九十九圖　チントウ（其一）

閉足姿勢にて立ち一禮し、用意にて八字立の開脚姿勢を取る。

初め（一）右足を一歩退き左肩を前にして五指を伸ばしたるまゝ（右手上）左胸前に交叉す。（第百九十九圖參照）。（二）其姿勢のきゝ兩手を右にかへして左手を上にす。

第二百圖　チントウ（其二）

（三）兩手を握りながら左手前に伸ばし右手脇腹に取る。（四）左手を引くと同時に右手

を突く。(五)左足を樞として左へ二分の一回轉をなし右手下段に打込むと同時に左手脇腹に取る。(六)後ろを振向き兩手の指を伸ばしたまゝ(第百九十九圖の如く面前に

第二百一圖　チントウ　(其三)

文叉す。(七)兩手を前に少し引き下げる。(八)其まゝ右足で蹴る。(九)又左足で蹴る

（能く覺えた後は同時に蹴る。）（一〇）兩手を組んだまゝ左膝頭の前に押寄す。（一一）右足を樞として兩手其まゝ右へ二分の一回轉（一二）足は其まゝ後ろへ振り向き握り

第二百二圖　チントウ（其四）

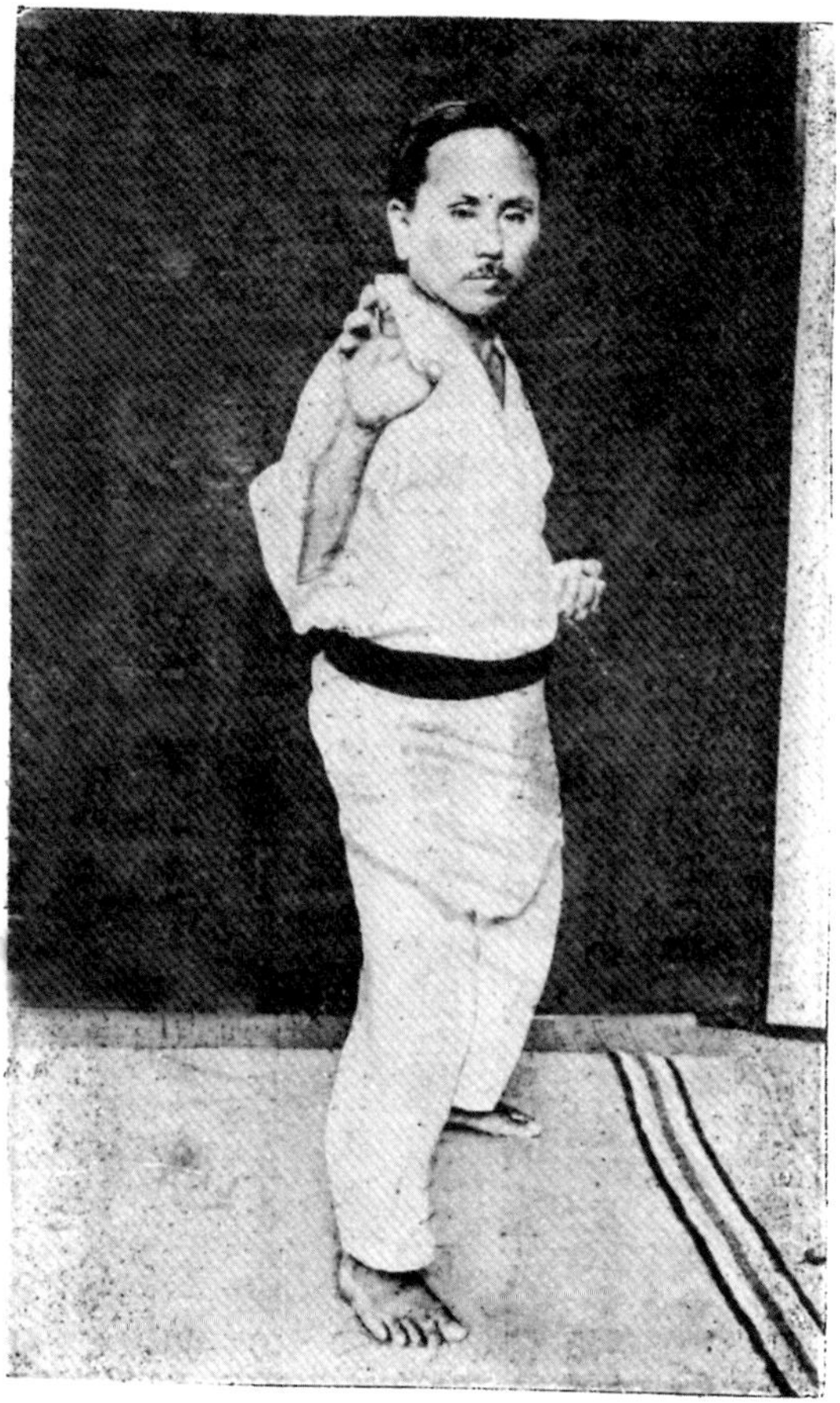

たるまゝ兩手で下を拂ふ（右手前）（一三）同一線上で左足一歩前進すると同時に兩手

指を揃へて下を拂ふ。(一四)右足一前進すると同時に指を伸ばしたるまゝ面前を掻分ける但し兩　の間隔は肩へ幅指頭が目の高さの處掌前向き。(一五)左側面に向つて兩手の姿勢(一四)の如く掌を面に向け掻分ける。(一六)兩手を共に下ろすと同時に足を伸ばす。(一七)左へ振向き左手右肩前右手下より互に引張り放す(公相君第百十二圖參照)。(一八)身を更はして右足を一歩前進すると同時に右手を左肩の前より下に左手を下より上に引張る心持。(一九)(一六)の通り(但し(一六)(一七)(一八)は皆後屈姿勢にて體を少しく後へ倒す。)(二〇)膝を屈げ左足に體を支へ兩手を握りたるまゝ(右上に交叉して左膝頭の前に抑へつく。(ピンアン五段第百七十八圖參照)。(二一)兩手を握りたるまゝ前面掻分但し兩手の間隔は肩の幅と拳先は見下す程度手甲前向き)。(二二)兩手を共に下ろす。(二三)兩手を同時に兩脇に取り肘を張る。(二四)足は其儘で右猿臂を使ふ。(二五)同じく左猿臂を使ふ。(二六)右足を樞として後ろへ振向くと同時に左足を右足へ引付け踵を擧げ兩手掻分をすること(二〇)に同じ。(二七)右手下より左手右肩の前より互に引張ると同時に左足を右コブラの上に擧げ(第二百一圖）の如き姿勢を取る。（但しこの時目は左側面を見る）。（二八）兩手を握りたるまゝ右脇腹に（右手上）組む。（二九）左手左足共に蹴放す。（三〇）足が着くや直ぐに右

第二百三圖　チントウ（其五）

手右足共に突込む。（三一）左足で立ち（第二百一圖）の反對姿勢を取る。（三二）其まゝ

左脇腹に（右手上）兩手を組む。（三三）右手右足共に蹴放す。（三四）左手で突く。（三五）右足で立ち左へ振向て第二百一圖の姿勢を取る。（三六）兩手を右脇腹に取る（左手上）（三七）左手左足共に蹴放す。（三八）足の地に着くと同時に右手を突出す。（三

第二百四圖　チントウ　（其六）

九）後ろへ振向き（第二百二圖）の姿勢を取る。（四〇）少しく體を右に正すと同時に右手を引寄せ肘で突く。（第二百四圖參照）。（四一）兩手を共に右脇腹に引き左掌に右拳を押當てて右を見る。（四二）手を組んだまゝ右足一本で右へ一回轉をなす（この時右拳の上に左手をひろげて冠せ下に押すやうな心持）第二百四圖は一回轉後の後姿なり。（四三）左手左足共に突出す。（四四）右手右足共に突く。（但し（四二）（四三）共に足を屈めること。止め、元の姿勢に復す。

第十五、ジツテ（少林流）

全部にて二十四擧動より成る、一擧動毎に數を呼び一より十迄を繰返す約二分にて了る。

第二百五圖　ジツテ（其一）

用意にて閉足姿勢（右拳を左掌で包み胸前に取る。（第二〇五圖の通り）

初め（一）左足を後ろへ引くと同時に（五指を淺く曲げ）右手を胸部前に於て受ける（掌上）共に左手を脇腹に引付く。（二）左足を一歩左斜へ出すと同時に右手を左

第二百六圖　ジッテ（其二）

肘の前に倒し左手と受けかへる。（第二百六圖の通り）。（三）其まゝ左手を右へ中段に倒

すと同時に右を見る。（四）右足を一歩右へ出すと同時に左手を脇腹に引き右手と受け交へる。（五）第二線上に右足を移すと同時に「ナイハンチ」立ち（第二百七圖）の姿

第二百七圖　ジツテ（其三）

勢を取る。（右肩前）。（六）は（五）の反對。（七）は五に同じ。（右、左、右と交々三回）

（八）兩手を頭上に（右手外）交叉すると同時に右足を左足の前に交叉す（第二百八圖の通り）。（九）左足を左へ一歩開くと同時に兩手を股の前に下ろす（股を去る約五寸）。（一

第二百八圖　ジッテ（其四）

○）左へ寄足すると同時に兩手を擧げ半ば肘を曲げる。（第二百九圖の通り）。（一一）其

姿勢のまゝ左手左足第二線上で二分の一回轉。(一二)は(一〇)の反對。(一三)は(一一)に同じ。(同姿勢で左、右、左と回三つゞける)。(一四)兩手を其場で下ろす。(一五)

第二百九圖　ジ　ツ　テ　(其　五)

右に振り向いて(第二百十圖)の姿勢を取る。(一六)右手を膝頭より五寸程上に下ろ

すと同時に左手同樣な姿勢で肩の高さに取る（兩手並行するやうに注意すべし）。（一七）左足を一歩前進すると同時に（右手上左手下）（但し（一六）の姿勢を取る）。（一八）

第二百十圖　ジツテ（其六）

右足一歩前進すると同時に（右手下左手上）全姿勢（一六）に同じ。（一九）右足を樞と

して左へ四分の一回轉後屈姿勢で右手下左手右肩前より互に引張り受ける（公相君第百十二圖參照）。（二〇）其場で左へ反對の動作をなす。（二一）左足を一歩第二線上に移すと同時に左手上段受けの姿勢を取る。（左手額前に横たへ右手脇腹に引く。）（二二）右手上段受け全く（二一）の反對。（二三）其位置で二分の一回轉左手上段受け。（二四）右足一歩前進上段受けをなす。止め。右足を樞として二分の一を回轉し元の姿勢に復す。

第十六、ジオン（昭靈流）

全部にて四十七擧動より成る、一擧動毎に數を呼び一より十迄を繰返す約二分にて了る。

第二百十一圖　ジオン（其一）

用意にて右拳を左掌で包み胸前に取る（ジッテの用意に同じ）

初め（一）左足を一歩後へ退くと同時に左手を脇腹に引き右手で受ける（但前屈姿勢）（二）左足を左斜へ一歩出すと同時に（第二百十一圖）の姿勢を取る。（三）

第二百十二圖　ジ　オ　ン　（其二）

其まゝ右足で成るべく兩手の間を高く蹴る。（四）足を下ろすと同時に右手で突く。

（五）左（六）右とつゞけさまに突く。（七）右斜へ右足一歩前進兩手搔分（第二百十一圖の如し（八）左足で高く蹴る。（九）其場に足を下ろすと同時に左手で突く。（一

第二百三十圖　ジオン（其三）

〇）右（一一）左とつゞける。（一二）第二線に左足を移すと同時に左手上段受けの姿勢

を取る。(一三)左手を引くと同時に右手で突く。(一四)右足一歩前進すると同時に右上段受けの姿勢を取る。(一五)右手を引くと同時に左手上げ突き。(一六)左足一歩前

第二百十四圖　ジオン　(其四)

進すると同時に左上段受け。(一七)右手右足共に突込む。(一八)右足を樞として左へ

四分の一を廻はり左へ向き（公相君第百十二圖の如き姿勢を取る。（一九）右足を左足へ少しく寄すると共に左手を脇に取り右手を左肩前に突出す。（ナイハンチ第六十圖參照）。（二一）は（一八）の反對。（二二）は左足を第二線上に移すと同時に前屈

第二百十五圖　ジオン（其五）

の姿勢を取り左手下段を拂ふ。（二三）右足一步前進すると同時に（ジツテ第二百七圖）の姿勢を取る。（二四）今の姿勢の反對。（二五）は（二一）の通り（右、左、右と三回）。

第二百十六圖　ジオン（其六）

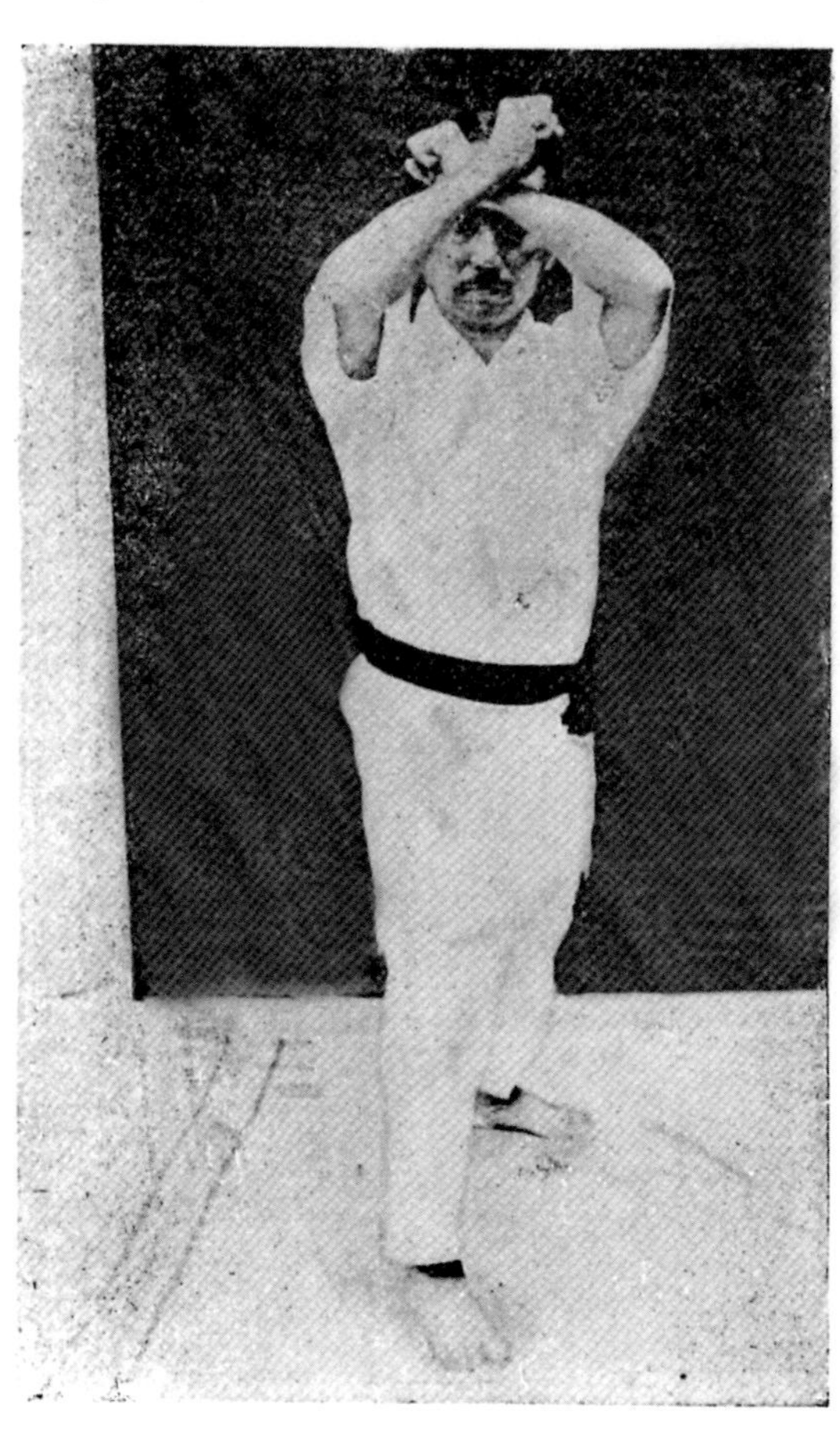

（二六）右足を樞として左へ四分の一回轉左を見ながら（公相君第百十二圖）の姿勢を

取る。（二七）寄足で（二百十二圖）の如く受ける。（二八）左足を樞として（百十二圖）の反對姿勢を取る。（二九）は（二七）の反對（三〇）兩手を下ろし正面に向く。（三一）

第二百十七圖　ジオン（其七）

右足前に一歩飛込むと同時に第二百十三圖）の姿勢を取る。（三二）左足を一歩後へ退

くと同時に　第二百十四圖）の如く兩手を半ば下に張る。（三三）左足を一歩前進すると同時に（第二百十五圖）の如き姿勢を取る。）（三四）右足一歩前進すると同時に（第二百十六圖）の如き姿勢を取る。（三五）左手其まゝ右手で前に裏手を打込む。（三六）右手を少し額の前に引くと同時に左手半ば下に打落す。（三七）左手首に右手を載せると同時に拳先が振ふやうに打つ（ナイハンチ初段第八十三圖參照）。（三八）右足を樞に左へ四分の一回轉し同時に左中段內受けの姿勢を取る。（但し右腕を半ば曲げ（手の甲下）肘と脇の間約五寸）。ピンアン三段第百六十八圖の姿勢參照）（前屈）（三九）右手右足共に突込む。（四〇）後へ右足を戻し右受けの姿勢を取る。（四十）は（三十八）の反對。（四一）左手左足共に突込む。（四二）第二線上に左足を移すと同時に前屈の姿勢を取り左手下段を拂ふ左手脇に取る。（四三）右足一歩前進すると同時に右腕半ば上に肘を張り左へ廻はしながら中段に打込む。（四四）左足を一歩進め今の反對動作をなす。（四五）は（四一）に同じ（右、左、右と三回つゞける。（四六）右足を樞として四分の一回轉同時に（左手下）左手を伸ばし右手を引くが如く互に引張る）。（第二百十七圖參照）。（四七）右へ寄足で今の反對動作をなす。止め。

第四篇　唐手術研究餘錄

第一 國民教化の良資料

琉球に空手術なるもののあるを聞くや久し、偶〻今度琉球武術會長富名腰義珍君東上せらるるあり、親しく技を見るを得たり。

「モルトケ」元帥謂く「永遠の平和は南柯の一夢のみ、而して快夢にあらざるなり。戰爭は神より授けられたる世界整頓の原則なり。」今や各國は大戰の後を承け、人力の最善最大を盡して、世界の整頓に任じ、人文の開發に努力しつつあり。

人類は永遠に存し、無限に向上す。過去の歷史は時に暗影なきにあらざるも、發展の實在なり。戰爭を一期として隔段なる進步を表はせり。過去に於て然り、現在亦然らざるべからざるなり。而して人類の發展は士道を充實し、健全なる身體を有する國民に依りてのみ行はる。

戰後に於ける整頓の事業中最大なるものは國民教化の問題なり。如何にして善良なる父母を作り、善良なる子孫を殘すべきや。武勇的精神の發揮、頑堅にして持久力ある身體の養成、而して秩序あり節制ある活動に富む國民の敎化。彼の「ジャン、バウロー」氏の「雅典の執政は賢明なり、實に青年は國家將來の元氣あり。」とは現代國民敎化の精神たらずんばあらず。

唐手術たる、技の構成、術の演練、悉く現代國民敎化の良資料たり。簡にして行ひ易く、深くして變に富む、以て精神を陶冶し得べく、身體を練成し得べし、實に活動的國民を作る良敎材とす。今日迄汎く行はるるに至らざりし洵に遺憾なり。蓋し傳へざりしが爲のみ。

富名腰君現代の時勢に鑑み、廣く之を世に開示せんとす。斯道の爲益する所大なるは勿論、又以て戰後に於ける我國民敎化の良資料を提供したるものと謂つべし。希くば益々之が普及を圖り、汎く世に行はるゝに至り、國民の元氣を發揚し、世界的活動に處し得る國民敎化の資たらしめんことを。（司令官岡千賀松）

第二　徒手空拳の大武術

所謂徒手空拳の武術が、沖繩に本來存在して居たか否かと云ふ事は、今俄に速斷は出來ない。けれども武術發達の經路から考へて見ると、攻撃又は防衛の爲には、何等かの武器に便るのが本始であつて、武器なしに、其の目的を達しようと云ふのは、餘程思想の進んだ後の事であらねばならぬ。少くとも、武術と云ふものが消極的に、精神の修養又は身體の鍛錬等と云ふ第二義的に考へられて來た以後の事と思ふ。

慶長以前沖繩各地に武器の使用されて居た事は歷史上明確な事實で現に尙眞王の頌德碑（明正德四年建立、百浦添欄干銘）にも（刀劍弓矢以爲護國之利器）とある尤武器が行はれて居たからと云うて、徒手の武術が全然存在しなかつたとは無論云へないが、國防の外に個人の護身用としても、武器を携帶する風のあつた事は、寛文十年（慶長役後約六十一年）平等所の廻文に次のようなものがあるのでも想像出來る。

覺

一、正月十六日夜、燈爐見物に棒刀持或は覆面仕候儀從前々御法度被仰付候へ共爲念堅横目被仰付置候若相背者於有之者捕可致披露旨被仰付候間燈爐見物仕候者能々其心得可爲專候

一、夜行ニ棒刀持候儀從前々御法度被仰付候處隱々相背者風聞ニ付堅御法度被仰付候事

戌正月十三日

平等之側

平等之大屋子

此の廻文等に依つて、少くとも公にも、私にも、武器を携帶する風の他動的になくなつた事は知られる。カラ手の發達をそれ以後の事と斷定するのは、早計ではないと思ふ。

カラ手の由來に關しては、自分は、之れまで深く調査した事はないが、支那傳來のものである事は、その各種目の名稱からでも斷言出來ると思ふ。然らば何時代に傳來したか、之れも各武術者の系譜等に據つて穿鑿すれば、或程度まで確める事か出來よ

うが今はその便がない。それで大體から推して自分は慶長以後の事と考へる。それは前に云うた武器廢止の事と今一つは支那使節の側からの觀察とに依つてゞある明朝以後、支那政府の琉球統治策は、專ら文教を以て風化する事を主眼として居た。恰度武家時代以後、日本の文事外交が僧侶の手に移つた爲に「念其俗佞佛、可以西方教誘之也」と云うたのと同一筆法で、琉球に對しては、專ら儒教を以て臨み、冊封使節も文臣を以て任命して來たのである。然るに、文祿以後秀吉の威武海の内外に振ふに至りて、支那政府の方針が一變し、慶長四年尙寧王が鄭道等を遣はして、冊封を請うた時に、神宗は勅して、從來會典に定むる所の文臣派遣の例を改め廉勇の武臣を使する事を命じたのである。して見ると、冊封使等の一行に依つて支那の武術が傳へられたと、すると、慶長以後武臣派遣の慣例となつてからと見る方が至當ではないか。

大島筆記に傳へてある、公相君と云ふのが如何なる人物であつたか、今調べが付かないが、之れを「クーシャンクー」と發音して居るのから見ると、元祿十一年大嶺親方が支那から將來した、土地君（農神）を今「トーチークー」と發音して居るのから類推して、清朝以後ではないかと思ふ。

併し、其の傳來の事情如何は、カラ手其のものゝ內容に左程問題とならないのである。武備を有しない奇蹟を以て、孤島の那翁をすら驚かした琉球に、安ぞ知らん、徒手空拳の大武備の在つたと云ふ事は、面白い事實である。

自分は豫て、富名腰氏に「カラ手に先手なし」と云ふ話を聞いて、感心して居たが、成程カラ手は、凡て第一手が受手になつて居る。是の先手なしの一言は、カラ手の性質を述べ盡して餘蘊なきものと思ふ。孔子の所謂勇有りて義なければ亂すで古來カラ手の達人は、皆謙讓の士君子であつた。かう云ふ人を沖繩語では武士と云ふのである。古の武士と云ふのは、今日の紳士で、儒の所謂君子である。斯の點から見ると、カラ手は、實に君子の武術と云ふも過當ではない。從來、カラ手に關する記錄が、一もなかつたのは、もの夫れ自身が秘術とされてゐた爲めにも由るであらうが、又一面には、科學的に研究されて居なかつた爲めでもあると云はねばならぬ。著者富名腰氏は、温厚の君士人、所謂武士の尤なる者である。加之久しく敎育界に在つた所から、カラ手の研究方法に對しても、自ら一家の見識を有して居る、從來褊狹に陷り易かつた是の武術が氏に依つて取捨選擇せられた點が少くない。卽ち斯の意味に於て氏はカラ手中興の功を錄せられて然る可き人である。

昔、偃武の法令が沖繩の社會に施行せられた時代に發達した是の武術が今軍縮の風世界の一時期を畫しようとして居る時代に復活するのも亦機宜に適した事と謂はねばならぬ。（文學士　東恩納寛淳）

第三　唐手の發達

琉球に唐手の發達した原因としては、私は琉球人が武具を持つことが禁ぜられたことが其尤なるものであつたと思ふ。人間が武勇を好むことも、又これ自然の要求で、慾望の然らしむる所である。その慾望が薩摩の附庸となつて以來、禁壓されたのであるから、武具を用ゐざる無手勝流が用ゐられ、盛んに流行し意外に發達したのではないか。我琉球史上には前後二つの禁武政策が行はれた。一つは遠く尙眞王の中央集權の施行と共に、武具を取上げてしまつたことである。武具を取上げられてしまへば好戰的慾望がなくなつて尚王朝の天下は安泰と思へた結果である。これは實際有效なものであつたが、外敵に對する防禦力もその爲に弱くされて一利一害なき能はずであつた。慶長の役にもろくも打破られたのは一つにはそのお庇ではなかつたか。次の禁武政策は、慶長の役の結果薩摩の屬領となつてから薩摩が益々琉球人を武道より遠ざけ、平和優柔の民たらしむべく企てた仕事なのである。

この後者の具體的例證としては私は茲に武具の賣買を禁じた文書を擧ぐることにする。琉球資料の御條書寫の中に下の如きことがある。

一、何品によらず武具之類、琉球中へ被賣渡間敷事、付仕くりの才覺曾而可爲停止事

山田民部少輔
頴姓左馬之助
島津下野守

寛永廿年二月十四日

今日武具の少いのもこの禁令などがあつたからである。中山傳信錄に蕭崇業錄を引用し、鎧武者の行列がその頃にありて今はなしと書いてあるなども、これに依つて其謎がよく解けるのである。武具さへも購入することを許されざる民族が無手勝流の唐手を學ぶやうになることは又自然の要求に基くものではないか。

斯樣に何から何まで拘束されて自由を失はれた民族は自然に臆病となつて滑稽なことを演ずるのが屢々であつた。彼等は支那人に對しても武具のないと云ふ事を吹聽するやうにしつけられて居つた。琉球史料中に「官生由來併御入目の事」と云ふ文書の中に下の如きものがある。

武具之類御尋御座候はゞ少々有之見候得共、何方にて作り候哉然與存不申由申上可
相濟與奉存候

この事は餘程懸念したと見えて更に又下の如き令書が出てゐる。

一、武具之類御尋御座候はゞ琉球前々より大平の國に而武具多々無之、國の用心計

有之、且又貢船海上用心は、毎年例之通持渡申候、其外は一切御禁止に而持渡
不申候、尤國中にても武具之類は賣買御禁にて候事

これは政府より支那に派遣する所の官生に注意の爲め云つたものである。支那が武具の事など問ふた場合には命ぜられた通りかく答へよと云ふのである。些細なことにまで神經を惱ましてゐるさまは今から考へると馬鹿々々しくも又憐である。この憶病な民族に唐手と云ふ秘密的な武術が重ぜられたのは決して無理のないことである武具を禁ぜられたものゝ武術が卽ち唐手である。富名腰義珍君「唐手教授書」を編纂され、私にも序を徴せらる。此の一文を草して序に代へることにした。（沖繩タイムス主筆、末吉安恭）

第四　體育上より觀たる唐手術

唐手術は、永き歴史を有する沖繩特有の一種の運動法である。古來沖繩に於ては、此の唐手術を、一種の鬪技として、青年を教育して來て居たが、一面又徒手運動法と

して、體育的效果の推奬すべきものがある。予は以下唐手術の體育的效果の概要を記述し、有志の研究資料となさんとするものである。唐手術は、體育上徒手運動法及び闘技としての二方面から、觀察する事が出來る。

（一）徒手運動法としての唐手術

唐手術には、色々の型がある。此等の型を數部に別けて、色々に組み合はし、そして各種の運動系統を組織し、此等の運動系統を毎日練習してその技を練らんとする唐手術運動法は、一面から觀察するときは、疑もなく一種の徒手體操である。何故ならば、此等の各運動系統は「四肢の伸展や軀幹の屈伸など凡て身體を運動せしむるに、已定の速度と力とを以て、或る方向と方法とに、且つ明確な目的に向つて實施する運動」のみで出來て居るからである。

徒手體操として觀たる唐手術の體育的效果は次ぎの如きものである。

（イ）各種の運動系統は、凡て能動的で、活氣充實、頗る敏捷である。故に沛然たる能動的運動法として、循環系統や呼吸系統を迅速に亢進せしめ、新陳代謝機能を生理的に促進する計りではなく、巧緻、敏捷などの能力を養成する事が出來る。

（ロ） 唐手術は脚部に種々活潑の運動法を課する計りではなく、一運動系統の實施中、度々隻脚にて體重を支へ、且つ進退するものであるから平均運動としての效果も亦認めらるゝ點が多い。故に身體の平均感や、筋肉力の經濟的使用能力や、又は背部筋肉力などを養成する事が出來る。

（ハ） 唐手術の型を練習する事は、上文論述したる如く、一種の徒手體操を實施するものであるから、身體各部の重心點の移動は、凡て生理的である。即ち各運動に伴ふ重心點の移動範圍は、身體の支撐面以内である、故に身體自身は、自己の平衡を常に自身の筋肉力のみにて支持し得る範圍内に於て、身體各部を運動するものである、從つて各部の運動には無理がない。加之唐手術の型には、凡ての能動的運動型式が包含されて居るから、此等の型を連續練習するときは、身體各部の發育は、調和的に各部平均するものである。

徒手體操としての唐手術は、以上の如く體育上頗る有效のものである而して一〇ー

―六〇歳位迄では、如何なる年齢に於ても、決して體育上弊害の伴ふべきものではないが、强練習に堪ふる年齢は一五――四〇歳時代の人である。そして各種の運動系統は練習を經たるものにあつては、器械的に實施する事が出來るから、神經力を要する程度は少いけれども、脈膊と血壓と呼吸とに及ぼす影響は多い。

(二) 闘技としての唐手術

唐手術は敵の、打つ蹴る突く等の攻擊的動作を防止し、且つ進んでは敵の虚を突かんとするものであるから、二者相對して闘技として、その技を應用する事が出來る。此の場合に於ける唐手術は純然たる闘技である。闘技としての唐手術の體育的效果は次ぎの如きものである。

(イ) 唐手術の四肢及び軀幹の運動は、頗る活潑で、敏捷で、且つ筋肉運動は頗る短切である。故に時間の割合にその運動量は多量である。

(ロ) 色々の運動法も同時に課する事が出來る、卽ち前進、側進、後進又は跳躍運動の如きものを、**自然的運動型式**のもとに、無意識的に習熟せしむる事が出來る。

（ハ）敏捷や注意や決斷や沈着や勇氣や速力などの能力を養成する事が出來る。
（ニ）全身筋肉は各部殆ど均等に運動せしめらるゝものであるが、殊に大腿、腹部、肩胛及び背部の諸筋が主として、運動せしめられ、鬪技中神經力を要する程度は頗る大にして、脈膊と血壓と呼吸とに及ぼす影響は中等度である。
（ホ）鬪技として適當の年齢は一五――四〇歳である。（海軍軍醫大尉　林良齋）

第五　唐手に先手なし

武は字義の上から見ても、二人干戈を交へたるを中に這入つて止めると云ふ意義であるから「唐手」も武の一部たる以上は、能く其意味を諒解して、徒に手を出すことがあつてはならぬ。

青年の生命は元氣である、元氣は武に依つて鼓吹される、元氣溢れて善となり、又時に惡ともなる「唐手」も善用すれば身を護り、弱者を保護するが、惡用すれば風紀を亂し、人道にも逆ふ。

武は仁義の及ばざる所に餘儀なくさせらるもので、亂りに手を出す時は人にも欺かれ、蠻勇とも誹らる、兎角血氣盛りは手が先になり過ぎるから愼しまねばならぬ。威あつて猛からず、武もこゝまで進まなくてはならぬ、亂りに猛々しく人を驚かして喜ぶやうでは駄目だ、聖人は大愚の如く、虚勢を張るまでは學者も武士も自分の未熟を證す。

進まざるは退くなり、少しく型を覺え僅に意味を解し、滯りなく手足が使へれば、最早天狗になり濟まし、自分免許の口看板を提げて、天下に敵なしと慢心すると退歩だ。

一寸の蟲にも五分の魂のある世の中、進めば進む程口を愼まないと四方に敵を控へる、昔から高き樹に風は當る、けれども柳は能く風を受け流す、謹愼と謙讓は「唐手」修業者の最大美德。

○拳之大要八句

人心同㆓天地㆒。　血脈似㆓日月㆒。　法、剛柔呑吐。　身、隨㆑時應㆑變。

手、逢レ空則入。　碼ハ、進退離逢。　目要レ視二四句一。　耳ハ能聽二八方一。

○古法大剛論章

再論、吾所レ學此法度。　理二明十二時辰一。　血脈按二分子午之法一。　凡、世人須二レ受二此法一。　止レ可レ救レ人不レ可レ害レ人也。　有二人通レ靈者一當門之教也。　法有二輕重之殊一。　故立二交接之道一、以二熟能生巧一多中。則彼疎懶者必難レ用。　凡有二與レ人打レ枷比勢其理一也。　尤在二迅速一。　不レ可二レ作兒戲一。　逢レ空則入。　遇レ逃則趕。　須二斟酌一。　恐二失接一。　旁人視レ之誚二我淺學一、比勢者顧二上下左右一。　分作之門。　拳手之法。　順則用二草逆一逆則用二確中一遇レ逃緊追。　逢レ空緊入。　逆レ之則去而來。　順レ之則來而去。　在レ上用二蝴蝶双飛一。　在レ下用二撥水求魚妙手一。　虎狼之勢。　猛虎之威。　交レ手應レ之法。　在二着力認眞曉得一。　剛柔虛實。　剛來二柔中一柔來二剛中一剛刮柔發。　身搖、脚踏、蝎起、身隨二于門戶一。　規矩進退、不レ可レ量二情一是也。

○孫武子云

「知レ彼知レ己百戰不レ殆。　不レ知レ彼而知レ己一勝一負。　不レ知レ彼、不レ知レ己每戰必殆。」

故心先自家體認眞熟、隨時變化。此所謂不戰而屈人。兵之極善者也。

○解脫法

欲攻東、先打西。欲踏前、務隨後。欲轉身、剛柔力。髮被捋用巨戟。
欲打他破天柱。他、倒地頓他勝。我、倒地入他驕。若、抱後天撞後。
若、抱前遇他陰。扭我臚。捐他面。殺含泥、戟他喉。臨吾身、用吾樟。
離吾身。用逆踏。右欲損、右先梢。脚、欲踏手先戟。脚踢高務隨後。
椀吾手。用吾梢。檎吾袖用戟樟。牽吾裙用膝脫。欲踏我、只用撲。
欲踢他須用釣。他勢、低、勿用足。他勢高、入於中。取我下、戟他上。
取我上隨他下。扯我髮用脫甲。鎖吾喉用大砍。搖步來防他踢。
手足相隨方無失。

第六 唐手の世評

畏くも皇太子殿下御渡歐の途次、第一寄港地として琉球に御立寄り遊ばされたが、其際、琉球の名物唐手を台覽に供せしに、いたく御感服遊ばされ、琉球御視察の三つの中の一つとして算へられたことを承つた。その三つとは(一)琉球の風光。(二)龍樋の靈泉。(三)琉球の唐手なのだ。

出羽海軍大將、故上村大將が、第一艦隊司令長官時代、我が海軍の要港地帶たる、軍港琉球の中城灣に寄港の際、中學校や師範學校に於て、琉球の拳法唐手術の實演を親しく見學され、海軍には實に相應はしい武術だといたく歎賞されたことがある。

第一艦隊拔錨後程なく第二艦隊寄港せしことあるが、時の第二艦隊司令長官八代大將には、中學校に於てこの唐手術を見らるゝや、早速、碇泊中の水兵幾分隊を派遣され、二週間程唐手の稽古をさせられたことがある。大將は軍人としても、この唐手の至極有利なるを認められ、其筋に意見書まで提出されたことを承つた。

大將御自身も其後引續き五六年間型及び卷藁の稽古をされたので內地瓦なら五六枚は重ねても雜作なく割られたことがあるさうだ。軍縮の今日然も個人鍛鍊が必要な場合、丁度唐手宣傳には持つて來いの好時機だ、敎授書も必要だが知らしむことが先だから、早く道場を開いて敎へて呉れ、最も敎員養成が急務だ、今に中等學校にもパッと弘まるから。

軍縮は傘をスボメておいたやうなもので、必要のある時は出して張れば好い、斯樣な場合には國民が宅に在て個人鍛錬が必要だ、さうして國家が必要な場合は出して銃劍の取扱ひを敎へれば良い、私はこの敎育は四五箇月も費やせば出來ると思ふがマア〳〵六箇月も敎へれば大丈夫だらう、唐手はこの個人鍛錬には最も適當な武術だ、どうか人道の爲に普及して呉れ。

明治神宮々司一戸大將曰く、軍縮の今日には個人訓練が大に必要だ、而してイザ鎌倉と云ふ時には、共同一致團體として國家の大事に當ると云ふ奉公心の養成が必要だ、西洋には以前からこの訓練が出來てゐるが、東洋には日本でも、支那でも、未だこの點が缺けてゐる、唐手は是の精神訓練の上に最も有效だと認む。

柔道師範嘉納先生には今を去る十數年前から唐手の長所を認められ、高等師範出の金城三郎氏を介して私に唐手敎授の相談を受けたことがある、當時私は未だ研究中で未熟の謙遜を以て御斷り申したが、今度の出張を機會に此間實演を御覽に供したら大に滿足を與へられ、私の方でも研究して見ようと語られた。

漢那少將が扶桑艦長時代特に、唐手の軍人として修得しおくべき必要の武術なるを認められ、早速寫眞まで取添へて意見書を其筋に差出されたこともあるも、靑年血氣盛りの者が、酒でも飮んで惡用したら困ると云ふ一點張りで否認の不運に逢つたが、文化の今日ではそんな無用の心配は要らない、時勢の既に要求する所なれば、一日も早く再版を急ぎ大に宣傳して一般に弘めるやうにと激勵されてゐる。

元陸軍戶山學校敎育監岡大佐には、每日私が唐手を敎授するのを監視され、唐手が體育及び護身術として西洋のボッキシングに優越せる點を見出され、斯樣な重寶な武術を世間に發表もせず、今まで琉球に葬つてあつたのは實に惜しい事だ、是非今度は東京で大に宣傳してから歸へり給へ、私も今度聯隊長で朝鮮へ行くことになつてゐるから、向ふでも大に紹介してやらう、朝鮮人も唐手は好きださうだからと。

黑頭巾生生が「薩摩と琉球」と云ふ著書の中に「武裝したる琉球」と云ふ標題で唐

手のことが出てゐるが、大體かうだ、徒手空拳は琉球人に取りては唯一の武器である。彼等は身に寸鐵を帶びずと雖も容易に人を殺傷し、また防衛することも出來る。彼等は武裝した時とせない時と何等の相違もない、彼等の拳法は琉球特獨の武術にして琉球語で之を唐手と云ふのだ云々と。

中學世界第二十四卷第十五號に「隱れたる日本の拳鬪中學」と云ふ標題で佐々木濠外氏が九頁に亘る唐手の委しい說明が出てゐる、中に、柔道と唐手術との試合、鐵板と拳との試合、護身術としての唐手、柔道師範を驚かす、其他、項目別に唐手の得點を擧げてある。

六月三日の東京日々新聞に「神秘的な武術琉球の唐手」と云ふ二段拔きの大きな標題で唐手のことを報道されてあつた、概要はかうだ、唐手の本目的は强健な身神を作り護身にすると云ふ意味であるが、熟練すれば坐つたまゝ天井を蹴るとか、青竹を握り割るとか、厚板を二三枚も重ねて割るとか、ホソビキを二筋も合せて切るとか、指尖で粟石を削り取るとか、梁を摑み渡るとか、三角飛びをするとか、全く人間技とも思はれぬ靈妙不思議なものである云々。
東京府立第一中學校學友會雜誌第八十六號運動部欄に（前略唐手の型を演ぜられて居られる間は、何だか仕舞を見てゐるやうでクス〳〵笑ふのもゐたが、組手に依り說明されたに依つて、始めて唐手と云ふものを十分了解することが出來た。唐手は沖繩特有の武術とは云へ、柔道の當身術の一種ではなからうか、一分科の研究とも云へはしないかと思ふ云々。（以下略す）

唐手に「琉球の無手勝流」と云ふ名を博せしは、曾て京都の武德殿で八月の進級試合の時、嘉納師範及び其他高段者の要求に依り柔劍道の選手で來た中學生が唐手を出演した翌日大阪の某新聞に其記事を「琉球の無手勝流」と云ふ標題を出したのと、今一つは曾て私が「唐手は武藝の骨髓なり」と云ふ標題で唐手の研究發表をしたことがあるが、これを鹿兒島實業新聞に「琉球の無手勝流」唐手に就いてと改題して轉載してあるのを見た、是等が其由緒になつてゐるらしい。

私が東京で招聘に應じて講演及び實演を試みたのは司法省で法曹會を筆頭に、日本講道館本部、陸軍戸山學校、帝國教育會、大日本學校教育研究會、尚侯爵家、ポプラ倶樂部、九段縣人會、錦城商校職員有志團、士官學校豫備校、府立第一中學校、其の他數箇所なるが、塾に教授を受けに來る者夥しく昨年十月より慶應大學内に研究部が出來て壹週四回教授をつゞけてゐるが、昨冬東京市の募集にかゝる市民體育資料の懸賞募集に應じてパスし、市社會教育課より實地調査を遂げ、遂に公開演武を催すことになつてゐる。

錬膽護身 唐手術（終）

大正十四年三月一日印刷
大正十四年三月十日發行
昭和七年十一月十日十版
（定價金二圓八十錢）

唐手術

著作權所有

著作者　東京市京橋區京橋一丁目八番地　富名腰義珍
發行者　大倉克次
印刷者　東京市京橋區木挽町一丁目十一番地　川橋源三郎

發行所　東京市京橋區京橋一丁目八番地
大倉廣文堂
振替東京四六八〇四
電話京橋(56)五六[illegible]

川橋印刷所

錬膽護身　唐手術　解題

杉木文人

一、著者富名腰（船越）義珍先生について

富名腰義珍先生は首里王府に仕えた士である富名腰義枢を父として、明治元年（一八六八）首里山川町に生をうけた。

童名を〈思亀〉、唐名を〈容宜仁〉、そして雅号を〈松濤〉といい、戦後改姓して船越姓となった。

さて、先生の生年は戸籍上明治三年（一八七〇年）となっているが、それは当時医学校に入学するには明治三年以降の者という条件があったため、父親が明治三年生れと届け出たことによる。しかし入学は許可されたが断髪の条件があったのでやむを得ずこれを断念、二十歳まで髪を結っていたという。その後今度は教員をめざして勉学に励み、小学校準訓導の検定試験に合格したが、教員になるにも断髪の条件があり、この時は遂に思い切って髪を落して二十一歳で教壇に立っている。以来三十有余年にわ

たって教育界に身をおくこととなった。

先生は七ヵ月の早産であったため、幼少の頃は弱身であったという。一人っ子であり祖父からは四書五経を習い、小学校の頃よりカラテの達人安里安恒先生の長男と遊ぶことが多く、そのころからカラテの手ほどきを受けることになったのであろう。

カラテ修行は夜陰に乗じて極秘裡に行われ、その後教師になってからも熱心に続けられたという。安里先生と親交のあった糸洲安恒先生からも指導を受け、後々この両師のどちらが欠けても自分の空手はないと明言している。そしてこのことはこれより遥か後の東京目白駅近くに、〈松濤館〉の完成をみたときにも、その初日に自室で香を焚いて合掌し、この両師にその喜びを報告されていることからもよくわかる。

長じても沖縄県下の有名カラテ家を訪ね歩いてその秘術の伝授を受け、率先して同志と共に沖縄尚武会を結成し、それまで秘術とされていたカラテを一般に公開していったのである。その後大正五年に沖縄を代表して京都武徳殿でカラテを公開演武して後に、東京を基点として本土での演武講演その他空手普及の諸活動に情熱を傾けられた。

船越義珍先生の従兄弟の子で現在は作家であり那覇市文化協会副会長でもある船越義彰氏によると、義珍翁のことを一族の者は「大殿内（うぶどうんち）のじいさま」と敬意をこめて呼んでいたという。

大殿内とは本家に対する尊称であるという。しかし義珍翁は長いこと東京におられ、各大学や諸所で空手の先生をしていることを一族の栄誉として幼時から聞かされていたとのことである。

義彰氏は昭和十五年の夏に沖縄からはるばる上京し、同十八年の冬までの三年余、東京牛込の天神町に住居する義珍翁の次男義雄氏宅に身を寄せ、日曜日毎に当時雑司ヶ谷に住んでいた義珍翁の所へ行ったという。当時翁には男子が三人いて、長男義英氏（のちの二代松濤會々長）は小石川の林町（現在の千石）、次男義雄氏は前記に、三男の義豪氏は義珍翁の空手の後継者と目され、雑司ヶ谷の松濤館道場で空手指導に当っていたという。筆者がかつて廣西元信先生（松濤會々長）にお聴きしたところによると、大先生（義珍翁）は自分の子供には己れの義の字の下にそれぞれ〈英雄豪傑〉とつけるのだと言っていたということだが、四人目の男子は出生しなかったのであろう。

義彰氏によれば義珍翁は外出する時はいつも和服で、それもきちっとした羽織袴の正装で洋服姿を見たことがない。履物は足駄であったという。当時の七十代と言えばそれは文字通り古稀の世代であるから、誰からみても立派なご老体であった。「足駄で大丈夫かしら？　おじい様転ばれたらどうしよう」という周囲の者の心配もよそに、当のご本人は至って平気で、走り出した電車を足早に追いかけながら「待ってくれー」と叫ぶくらい元気そのものであったと述懐している。

太平洋戦争の始った昭和十六年十二月末から翌年一月の初旬にかけて義珍翁は二十年ぶりに沖縄に帰

郷されている。次男義雄氏が同行したこの帰郷は先生の最後の郷土訪問となっている。――その後は戦局も激しくなり沖縄は地形の変るほどに連合軍の攻撃を受け、県民にも極めて多数の犠牲者を出し悲惨な情況を呈したことは周知の通りである。そして戦後も今日に至るまで〝基地問題にゆれていて不幸な運命をたどっている。郷里は遠く離れれば離れるほど愛しく懐しく、その山川海野の光景やそこに住む人々への思いにかられ郷土愛に胸を熱くするのが人の情である。先生はその後昭和三十二年春四月、九十一歳にてご逝去されるまで遂に故郷沖縄に帰られることはなかったが、その望郷の念如何許りであったろうとその心情がしのばれるのである……。

この時の沖縄滞在中は、東京から久しぶりに帰郷した義珍翁ということで、連日連夜大変な歓迎攻めで、当地での教員時代の教え子や多くの団体から宴席に招かれたという。同行のご次男義雄氏は悲鳴をあげたが、当の義珍翁は平気な顔でこれに応じていたそうである。帰郷の日が迫ってから一族の宴席がもたれた時、義彰氏ははじめて義珍翁のお酒を見たという。それはそれは陽気なもので、色白の顔が紅を差すとヒョイと立ち上って「ンダ、ンダ、カミーゲワ　モウティンーダナ」〈どれどれ亀ちゃんが舞ってみようか〉と言う意味だが、亀は義珍翁の童名〈思亀〉、「カミーグワ」は名前を省略した愛称のようなものとのことである〉と翁は見事な手振り足拍子で即興の踊りを披露したという。

空手を中央に紹介し、空手の先駆者、日本における空手の代表者ともいわれている武人ではなく、村夫子然（ぶうしぜん）とした義珍翁に一族の者は感動し、そこに同席していた義彰氏は、二十年ぶりの帰郷にもかかわらず、翁がよどみなく首里の言葉を話されることに、感心していたとのことである。

帰途那覇から神戸までの海は荒れ、特に豊後水道沖はひどかったので、義雄氏も義彰氏もとても食事どころではなかったが、義珍翁は時間になるときちっと身支度をして食堂へ出て行ったので、同席の船長も舌を巻いていたということである。

先生の雅号は〈松濤〉である。義彰氏がそのいわれを尋ねると翁は「少年の頃奥武山へ遊びに行った時、豊かな松の林がゆったりと続き波を打っていたが、その状（さま）が堂々としていて美しいので感動した。そして大人になったら雅号は松濤にしようとこの時決めた」と言っていたというのである。

義珍翁は漢籍の教育を受けた。学問に対しては常々真摯な態度を失わず、それ故に〈文武両道〉〈空手は男子の武術〉の理想と気風がうまれたのであろう。大学に空手部を創ったあたりに義珍翁のこうした強い志を垣間見る思いがすると言っている。

義彰氏によると同氏の伯父がまだ若かった頃というから、義珍翁も上京前で那覇の小学校で教鞭をとっていた頃のこと、この伯父が義珍翁に「空手を教えて欲しい」と申し入れたという。しかし翁は即座にこれを断った。「蒲太は気が荒い。酒を飲むと乱れる。喧嘩ばかりしているとも聞いている。そんな者に空手を教えたらどうなるか」と。その伯父が後年述懐して「空手の稽古をしないでよかった。もしも俺に武術の心得があったら、或は人様を傷つけていたかも知れない。大殿内のじい様は人を見る目があったのだ」と言っていたという。老いてもなお喧嘩に勝ったことを自慢話にしている気の荒い伯父であったとのことである。

沖縄では前述の通りその歴史的事情から、カラテは長い間隠密裡に稽古修練され伝承されてきた。明治に入ってからもそうした習慣や気風がまだ根強く残っていたのであるが、徴兵令施行にもとずく各学校での体格検査を契機に、沖縄県立師範学校及び同第一中学校でカラテが正科として採用され、〈体育としての空手の価値〉が認められて一躍カラテが世に出ることになる。その後明治三十九年頃より先生は率先して県下を巡回してカラテの公開演武をし、その他諸行事でもこれを披露し、大正五年京都武徳殿でのカラテ演武を契機に、その後東京を基点に空手普及のため積極的に活動されている。

かくして秘術としてのカラテを公にした先生の功績は甚大なるものがあり、又その御苦労のほどは計り知れないものがある。

又先生はもともと教育者故に、空手を単なる格闘技闘争術としてだけではなく、真の武術、真摯の体術、そして武道として、教育的見地から育成された点も見逃すことを得ない。今に残る〈松濤翁二十訓〉

は空手道のみならず、あらゆる武術武道、否、それらに関係のない一般社会人すべてにも広く通用・適用する人生訓とも言うべきもので私達個々人の《座右の銘》として活かすべきものである。そしてその中の一つである《空手に先手なし》は、鎌倉の円覚寺境内の一角に《空手道始祖松濤船越義珍先生之碑》として昭和四十三年十二月に建立され、緑濃い樹陰に静かに建っているのである。

空手の《型》は本来その数数百に及ぶといわれている。然し先生は《型》が稽古の資料として存在する以上、稽古人はその一つ一つの型に真実習熟しなければならない。ただいたずらに型の数を誇る愚はやめるべきであるとして、沖縄にいわゆる少林派・昭霊派のそれぞれに属すると言われている諸型を採り入れて〈松濤館制度〉というものを創定された。当初は次の十五種であった。即ち、

①平安（ピンアン）初段、
②平安（ピンアン）弐段、
③平安（ピンアン）参段、
④平安（ピンアン）四段、
⑤平安（ピンアン）五段、
⑥抜塞（バッサイ）、
⑦観空（公相君）（クーシャンクー）、

⑧燕飛（ワンシュウ）、
⑨岩鶴（チントウ）……………以上少林派、
⑩騎馬立（ナイハンチ）（鉄騎）初段、
⑪騎馬立（ナイハンチ）（鉄騎）弐段、
⑫騎馬立（ナイハンチ）（鉄騎）参段、
⑬十手（ジッテ）、
⑭半月（セーシャン）、
⑮慈恩（ジオン）……………以上昭霊派。

そしてその後の船越義珍先生と御三男義豪先生とが創案された〈大極初段、大極弐段、大極参段〉と〈天之型〉を加えて計十九の型が制定型となっている。

ただ当初は今の平安初段が平安弐段であり、今の平安弐段が平安初段になっていることに留意しなければならない。又現在では右に抜塞（小）、観空（小）も〈松濤館制定型〉に加えている。

いずれにせよ古来伝承されてきた複雑にして多数の型を、現代の斯道稽古人の日常稽古演練するのに適した方向で統合整理され、空手稽古の効率化とその向上を計った功績は真に大きなものがあると言えるであろう。稽古人としての私達にとって大変ありがたいことである。

〔注〕少林流＝軽捷機敏、進退早業を旨とする。実際には痩身短躯、俊敏飛鳥の如き者が使うことが多く、一拳一蹴一進一退が早技に練達の妙を感取するが、反面気魄において昭霊流より劣るところがある。

昭霊流＝重厚堅固、体力を練り筋力を鍛えることを旨とする。実際には骨格偉大、体躯肥満の者が使うことが多く、堂々として周囲を圧するの感があるが、往々にして敏活を欠くきらいがある。

以上少林派の空手は技術を錬るによく、昭霊派の空手は心身を鍛えるに適しているが、各派それぞれ長短があるから空手を稽古する者は二派の特徴をわきまえて修行するべきである。両派それぞれに属する型の種類は前掲の通りである。

筆者が中央大学空手部一年生の時、神田の共立講堂で船越義珍先生の空手本土普及三十周年の演武大会が催された。先生は当時すでに相当に高齢であられたが、観空（大）の型を演武され、「ホイッ」という気合を入れられていたのが印象に残る。

また道場に審査や納会でこられる時は、必ず羽織袴に正装され、挨拶では前もってしたためてこられた巻紙をゆっくりそして明瞭に読みあげられるのが常であった。そして審査の講評では、「引手はもっと低く腰の位置に」とたびたび強調されていた。「我流の空手をやっていては、いつまで経ってもうまくはなりません。この道は素直さも大事ですよ」といわれた。

私が四年幹部の前期審査会の際、先生は中折れ帽子を道場に忘れられ、私が帰途、開通間もない地下鉄丸の内線の本郷三丁目駅で下車し歩いて先生のお宅にそれをお届けした時は、御長男義英様の奥様の取りつぎにわざわざ玄関まで出てこられ、座して鄭重な礼を述べられたことを、かえって恐縮したことをつい昨日のように思い起される。

昭和三十二年、豊島区雑司ヶ谷墓地の斎場での船越義珍先生の御葬儀には、私は仕事の都合で埼玉県本庄市より遅れて参上し、寸刻前関係者全員引き払ったところであり、感慨無量のうちに残された祭壇に一人参拝したことが思い出される。赤ら顔の小躯の温和なお人柄が、こと空手のお話になるとランランとした目線、毅然としたお顔になられたのが印象的である。

過日私の教え子で中央大学空手部ＯＢの沖縄県人宮里一行君から電話があり、先日沖縄テレビで船越義珍先生の若き日の公開空手演武の放映があったというので、同君にそのそのビデオを入手してもらい、貴重な資料として永久保存を考えている。

二、　本書の内容と価値

本書『錬膽護身　唐手術』は、我が国、否、世界で最初に出版された空手本『琉球拳法　唐手』に続く空手道啓蒙の書ということで、多くの人々の期待は勿論、社会的にも極めて高い評価と注目を集めるものとなった。そしてそれは本書の冒頭を飾る当時の陸海軍大佐、軍医、歴史家、ジーナリスト等、広い階層の人々の立派な序文によって伺い知ることができる。しかしこれはそのような事由のみならず、著者船越義珍先生の人徳の賜物であろうことも容易に察知し得るのである。そしてこのようなことは通例の出版本では観ることのできない極めて異例の形式であろう。これらの序文は後年発刊された『空手道教範』にもその末尾に〈附録その二、空手説林〉として他の人々と共に掲載されている。

本書は右の人々の序文のあとに著者の自序を載せ、その末尾に〈於東京小石川水道端明正塾著者誌〉とある。これは沖縄県人留学生の寄宿舎〈明正塾〉のことであり、著者が上京して日々の生活に苦労しながらも、空手の稽古指導と普及に遠大なる希望と情熱を傾けておられた頃である。

本書の構成は、第一章〈唐手とは何ぞや〉、第二章〈唐手の価値〉、第三章〈唐手の練習と教授法〉、

第四章〈唐手の組織〉、第五章〈基本及び型〉、そして末尾の〈唐手研究余録〉からなる。そして第五章の〈基本及び型〉の部分が中でも最も多い頁数を占め、型の分解動作解説からの必然性とともに、技術的内容の重要性を示すこととなっている。

この本以降の空手関係の出版本は今に至る迄そのほとんどがこのパターンであって、従って結果的にはその形式内容に関しても空手道の書物の先駆をなしたと言うべきであろう。

本書は第五章〈型〉で、型の名称に就いてピンアン、ナイハンチ、セーシャン等と中国風の呼び名を用いているが、それは著者船越義珍先生がおおむね沖縄で習得した頃の呼び名をそのまま親しみをこめて使用しているのである。この後昭和十年発行の『空手道教範』では、その第一章〈型の名称〉の所で、「従来の口碑のままに〈ピンアン〉〈セーシャン〉〈ナイハンチ〉〈ワンシュー〉〈チントウ〉などと称していたが、中にはその意味の不明なものもあり、教授上も紛れ易く且つ立派に我が国の空手になり切っているものに強いて中国風の不可解な名称を襲用したくないので、不適当と思われるものは或は古老の形容を参酌し、或は著者の卑見を以て改称することにしたのである。ただ従来空手を研究した人々にとっては、率然と改称されては却って不便を感ずるかも知れないと思い、その名称を解説するに当り旧称も併せて記して置く事をした。括弧内が即ち旧称である」

として、平安（ピンアン）、燕飛（ワンシュウ）、岩鶴（チントウ）という形式で以下十五の型を並べて日本的名称を優先させていることに注目しなければならない。これは前述の通りこの頃には既に広く日本の空手道として普及し定着させようという先生の強い意気込みの一端が感じられるのである。

本書は『琉球拳法唐手』紙型が大正十二年九月の関東大震災で焼失し、再版が不可能となったため、内容に若干の変更を加え、図のかわりに型写真を用いて全くの新版として大正十四年に弘文堂から刊行されたもので、昭和七年までに十版を重ねた。十版は大倉廣文堂の発行である。

本書の歴史的存在価値、文献的価値として見逃し得ないことの第一は、琉球史上、カラテは武術として長い間極秘裡に発達し伝承されそのためマンツーマンの指導方式口伝が原則とされ、それ故にカラテに関する文献や資料、記録の類はほとんど残されていない。こうした秘技秘伝としてのカラテ、隠された武術たるカラテを二二〇点もの写真を通して広く公開し、世に問うた最初のものであるということである。この事の意義はまことに大きくかつ深いものがあり、正に歴史的壮挙であるということである。

そして第二には著者船越義珍先生が郷土沖縄在住の前半生、特に少年の頃から安里、糸洲の両先生から長年にわたり指導を受けた初期のカラテ、そのこと故に換言すれば明治以前から伝承されてきたこの地における伝統的カラテがほとんどそのままに著述され収録されている点にある。そしてその事が本書の特徴であると共に類稀(たぐいまれ)な貴重な書物として、その価値を高めていると言い得よう。

その後は著者自身、空手の指導課程や普及発展していく過程で技術的なもの、稽古の内容そしてそこに用いる名称等々改良改変されていくこととなるのは物事の筋道として当然であるし、その後の諸著書もこれに伴い加筆改訂されていくこととなる。

先の大戦も終了してすでに半世紀余りの長い年月を経過した。その間には我が国における空手界にも多くの流会派が誕生し、これに関連して空手関係の出版物も実に多く巷間に上梓されている。そしてそれらのすべては名称や技術路線等、時代とともに大きく変容されてきているのである。従ってそれ故にこそ前期のような事由から、空手の原型をそのままに残している本書の文献的価値と存在意義は一層高められることになると私は思うのである。

今や日本のみの空手ではなく、名実共に世界の空手として大きく発展しているこの時期に、日本空手道開祖船越義珍先生の、我が国空手普及の先駆となった『錬膽護身唐手術』を改めて拝読するのも大変意義あることと思う。

（日本空手道松濤会理事）

富名腰義珍（船越義珍）（ふなこし・ぎちん）

■明治元年（1868）首里山川に生れる。空手を安里安恒、糸洲安恒に師事。大正５年に京都武徳殿で、大正 11 年に第１回体育展覧会にて空手を演武し、空手の本土普及の端緒を開いた。その後各大学の空手部を指導、今日の空手隆盛の基礎を築いた。昭和14年、東京に「松濤館」を開設、松濤館流の開祖となる。昭和 32 年逝去。享年 88 歳。

■著書「琉球拳法唐手」（1922）、「錬膽護身唐手術」（1925）、「空手道教範」（1935）、「空手入門」（1943）、「空手道一路」（1956）

杉本文人（すぎもと　あやひと）

■昭和８年（1933）３月、東京都練馬区にて生れる。中央大学法学部法律科卒業。生家の「白山神社」を始めとして、都内の「天祖神社」「氷川神社」「北谷稲荷神社」、福島県いわき市の「飯野八幡宮」、港区赤坂鎮座元東京府社准勅祭社「氷川神社」等に奉職。

■20歳後半、東急空手道場師範代を勤め、現在、日本空手道松濤会理事、同本部審査員、同本部道場松濤館指導部長、中央大学空手部監督、成城大学空手道部師範。

2005 年逝去。享年 72 歳

H17.3.9

錬膽護身　唐手術　普及版

ISBN978-4-89805-225-9

1925 年　3 月　1 日　初版発行
1996 年 12 月 25 日　復刻版発行
2021 年　3 月 10 日　普及版発行

著作者　富名腰（船越）義珍
発行者　武　石　和　実
発行所　榕　樹　書　林

〒901-2211　沖縄県宜野湾市宜野湾 3-2-2
TEL　098-893-4076　　FAX　098-893-6078
E-mail：gajumaru@chive.ocn.ne.jp

印刷所　でいご印刷

空手道関連図書

空手道大観　縮刷版

（復刻／初版・昭和十三年）

●仲宗根源和編・宮城篤正解題

Ａ５・上製函入・四五二頁・定価（本体七、八〇〇円＋税）

執筆　仲宗根源和・富名腰義珍・城間真繁・摩文仁賢和・大塚博紀・花城長茂・知花朝信・仲宗根源和・平信賢。近代空手史上の伝説的名人達が豊富な写真と図版で、黎明期の空手道を紹介した幻の本。本文に対応する県内実力者による型演舞ＤＶＤ付。

空手道教範

（復刻／初版・昭和十年、改訂十六年版）

●船越義珍著・宮城篤正解題　附録『天の形』添付

Ａ5・並製・三五二頁　定価（本体二、八〇〇円＋税）

「日本空手道の父」とまで称えられる様になった船越義珍が前二著を更に発展させ、文字通りの松濤館流空手道の教本として体系化したテキスト。空手道の歴史と課題、そして空手道の体系が詳細に記録され、松濤館流空手の発展の原動力となった名著の復刻。

愛蔵版　空手道一路

附　船越家秘蔵空手写真帖
　　富名腰義珍先生還暦記念詩文集

●船越義珍著

Ａ５・上製布装・貼函入・三六〇頁　定価（本体四、八〇〇円＋税）

沖縄の空手を日本に紹介し、今日に見る隆盛の基礎を作った最大の功労者であり、松濤館流の開祖である船越義珍が、昭和三十一年に、その生涯をふり返って刊行した名著の愛蔵版。

攻防拳法 空手道入門 普及版（復刻／初版・昭和一三年）

●摩文仁賢和著／仲宗根源和著／摩文仁賢栄解説

A5・並製・220頁・定価（本体二、五〇〇円＋税）

糸東流初の体系的な入門書の復刻版。本書によって糸東流は流派としての基礎を築き、今日の発展の緒についたといえよう。摩文仁賢和先生自身による四五枚の型分解写真が花を添える。

攻防自在空手拳法 十八（セーパイ）の研究（復刻／初版・昭和九年）

●摩文仁賢和著／津波清解説

B6・並製・一九八頁・定価（本体一、六〇〇円＋税）

著者自身の型分解写真四四枚によって那覇手の基本技であるセーパイを詳しく紹介した幻の名著（附・武備誌）。

攻防自在 護身術空手拳法（復刻／初版・昭和九年）

●摩文仁賢和著／宮城篤正解説

B6・並製・一六六頁・定価（本体一、六〇〇円＋税）

著者による糸東流創設のマニフェストというべき書。「三戦」「開手」の分解の他、富名腰義珍・小西康裕・松本静史・田中吉太郎による「研究余録」を収録。

空手研究

●空手研究社編

A5・一三六頁・定価（本体二、〇〇〇円＋税）

昭和九年、仲宗根源和によって編集・刊行された本邦初の空手研究誌。創刊号のみに終わったが、時代の息吹が伝わってくる稀覯の空手本である。富名腰義珍、摩文仁賢和、大浜信泉、本部朝基、小杉放庵、親泊寛賢、釋宗演、野口哲亮、東恩納寛惇その他多数にのぼる。

唐手拳法（復刻／初版・昭和八年）

●陸奥瑞穂著　金城　裕解説

B5・上製・布装・函入・定価（本体一五、〇〇〇円＋税）

船越義珍によって伝えられた空手と日本古来の柔術とを統合し体系的に理論化せんとした稀書の拡大復刻版。著者は当時東京帝大空手部部長。

拳法概説（復刻／初版・昭和五年）

●三木二三郎・高田（陸奥）瑞穂編著　金城　裕解説

A5・上製・布装・函入・二八四頁・定価（本体三、八〇〇円＋税）

本土での空手の普及に伴う様々な課題を克服する為に昭和四年の沖縄実地調査の成果をまとめた稀覯の名著の復刻。近代空手黎明期の最重要の書。

増訂 剛柔拳舎空手道教本（附録DVD沖縄佑直の空手）

●大塚忠彦著／監修＝比嘉佑直・市川素水

B5・上製・布装・四七〇頁・定価（本体一五、〇〇〇円＋税）

一九七七年に全十三冊で非売本として少部数刊行されたテキストを改訂増補し、加えてDVD「沖縄佑直（ユチク）の空手」を附録した剛柔流テキストの決定版。

拳父 上地完文風雲録 ― 上地流流祖の足跡を訪ねて

●藤本恵祐著

B6・並製・一八六頁・定価（本体一、六〇〇円＋税）

上地流流祖の異国での苦難の修行、和歌山での道場開設、そして伊江島での晩年を、地道な調査を元に復元し、上地流の黎明期に光をあてる。